爆笑！古代学霸笔记！

元明清卷

何捷／主编

元曲"四大天王"曲友见面会

中国致公出版社·北京

像玩穿越一样学古文

何捷

中国坐拥五千年的浩瀚历史，孕育着灿烂辉煌的优秀古代文化。每一个宝贵的历史文化宝藏，都凝结着古人的才情与智慧。所有的家长和老师们都希望孩子们能像中国古代的"学霸"们一样，学富五车，才高八斗。

然而，正所谓"天下苦文言文久矣"，古文一直都是个老大难的问题。历史文化知识虽好，却也有着一定的学习门槛。想要用轻松、有趣、生动、高效的方式来学习古代文化、积累文史知识，可不是一件容易的事。

为了改变这一现状，让孩子们获得更加高效的学习途径，我们的这套《爆笑！古代学霸笔记！》应运而生了。

读这套书，就像玩穿越——很真实，很有趣，很愉快。

当你第一眼看到《爆笑！古代学霸笔记！》的名字时，你就知道，它绝对非比寻常、与众不同！这是一套生动有趣、寓教于乐的文史知识类丛书。如果你再打开书本，一股清新之感就扑面而来，生动有趣的语言文字疯狂吸睛，精彩形象的漫画配图夺人眼球，用孩子最喜闻乐见的方式学习有门槛的文史知识，简直是四两拨千斤。

本套书不但形式新颖、阅读无压力，内容上还很具有系统性。

全套书以历朝历代最具有代表性的重要历史文化名人为轴，纵向介绍

　　了关于古代学霸们的生平故事，横向拓展了他们的所学所想，囊括了他们的人际交往、八卦趣闻等相关知识，可谓是包罗万象，极大地丰富了孩子们的知识面。

　　正是因为这套丛书将有趣形式和丰富内容有机结合，才让孩子在轻松愉快的阅读中就潜移默化地记忆乃至掌握相关的知识。当然，读本套书的最终目的，仍是帮助孩子们更好地理解和掌握中国传统文化知识，不但可以有效提高学习效率，还可以拓展学习维度。

　　在古代，学霸们不但是"中国N大杰出青年代表"，还是国家最优秀的储备人才。他们不仅聪明，而且勤奋好学，拥有广博的知识和卓越的技能。通过本书的学习，我们可以隔空向学霸们取经求教，偷师学习方法，共享他们的经验，了解大师的见解和体会。

　　总之，《爆笑！古代学霸笔记！》是一套兼顾了实用性和趣味性的书籍，如果你想要快速提高自己的文史知识储备，不妨阅读本套丛书，从中汲取古人的智慧，相信它会对每个孩子的学习生活产生积极的影响。

　　祝福孩子们，阅读愉快，学有所得！

目 录

第 1 章
关汉卿和马致远——
曲坛双璧的同轨"艺术人生" 　1

第 2 章
归有光和吴承恩——
一个县衙，俩文坛巨匠 　17

第 3 章
公安三袁——
"公安派"的"反古仔"三兄弟 　31

第 4 章
张岱和王思任——
时代洪流下的"段子手" 　45

第 5 章
纳兰性德和顾贞观——
"情歌王子"的儿女情长 59

第 6 章
李渔和蒲松龄——
"喜剧大导演"VS"恐怖小说家" 71

第 7 章
桐城派四祖——
雄霸文坛 300 年的第一大门派 85

第 8 章
康有为和梁启超——
从师生到对手 101

第 1 章

关汉卿和马致远——
曲坛双璧的同轨"艺术人生"

关汉卿

昵称：原名不详，字汉卿，号己斋
地区：今山西运城

（约 1234 年—约 1300 年）

主要成就：元代著名杂剧家、散曲家，元杂剧奠基人，"元曲四大家"之首，世称"曲圣"。

朋友圈： >

添加到通讯录

马致远

昵称：字千里，号东篱
地区：今北京

（约 1250 年—约 1324 年）

主要成就：元代著名杂剧家、散曲家，"元曲四大家"之一，有"曲状元""马神仙"之称。

朋友圈： >

添加到通讯录

爆笑！古代学霸笔记！

关汉卿　年份　马致远

约1234年 — 出生于金末的一个医户家庭，条件优于一般老百姓，有幸接受良好教育。

约1250年 — 出生。年少时好学上进，远近闻名。

1270年 — 积极追求功名，开始了在官场20多年的漂泊。

1271年 — 元朝建立。

1272年 — 元朝定都大都，关汉卿前往大都，开始专门从事戏剧活动，投入戏曲创作，声名鹊起。

1273年 — 孛儿只斤·真金被立为太子。急切追求功名的马致远似曾向孛儿只斤·真金献诗获得赏识，并因此入任。

1279年 — 南宋灭亡，大批北方剧作家南下，关汉卿也开始前往江南一带演出、游历。

· 元明清卷 ·

1285年
- 流寓江南。
- 孛儿只斤·真金去世。大概因此，马致远离京任江浙行省务官。官场屡屡受挫，郁郁不得志，逐渐萌生退意，后辞官归隐。

1295年
- 参加"元贞书会"，与李时中、花李郎、红字公结交，并与三人共同创作《黄粱梦》等作品。

1297年
- 元大德年间，关汉卿已步入晚年，创作了《大德歌》系列散曲。
- 在杭州开始了晚年的隐居生活。

约1300年
- 大约在这一年逝世。

1321年
- 创作套曲《粉蝶儿·至治华夷》来表示对元仁宗的好感。

约1324年
- 逝世。

爆笑！古代学霸笔记！

★ 曲艺界学霸的高起点

关汉卿和马致远二人都是元代著名的杂剧家、散曲家，与白朴、郑光祖组成了元代曲艺界的"四大天王"，被元代周德清合称为"元曲四大家"。

四个人里，又以"马神仙"马致远和"曲圣"关汉卿最为出名。这对曲坛"神圣"学霸的"艺术人生"虽没太多交集，却有着惊人相似的轨迹。

关、马二人年少时期都算是"赢在起跑线上"的孩子。

关汉卿是个幸运宝宝。他生在金末的一个医户家庭，条件很不错，虽然当时战乱连连、社会动荡不安，但他仍有幸接受了良好的教育。

马致远则是个努力娃娃。年少时，他就以好学上进而远近闻名，成为父母口中的"别人家的孩子"。

·元明清卷·

★ "京漂"青年的发家史

青年时期的二人，更是立志"生命不息，奋斗不止"。他俩不约而同地选择了当时元朝的首都——大都（今北京）作为梦想的起点，义无反顾地成了"京漂"一族。

元灭金后，关汉卿为了谋生，就到大都开始追求自己的杂剧创作之梦，他甚至亲自登场，能编能演、多才多艺，逐渐成为当时戏剧界的"头号玩家"。

> 爆笑！古代学霸笔记！

马致远则热衷于追求功名，对"龙楼凤阁"抱有幻想。他中了进士，担任了翰林兼国史院，后来还做了江浙省务的儒学提举、大都工部主事等，履历算很漂亮了。

但当时是蒙古人统治，汉人的职位属于副官，他处处受到身为主官的蒙古人压迫。政治的黑暗令马致远感到"恨无上天梯"。他感叹自己怀才不遇，上天无路。

金字经·夜来西风里

[元] 马致远

夜来西风里，九天雕鹗飞。困煞中原一布衣。悲，故人知未知？登楼意，恨无上天梯！

★后都离京南下，皆广泛交友

自古江南多俊杰。江南一草一木都别具诗情画意，催生出无数风流人物。关、马二人自然也不例外，江南的浸润，让二人的人生轨迹也有了新的变化……

南宋灭亡后，关汉卿到江南一带演出、游历。对杭州、扬州印象很深。他还和珠帘秀、顺时秀等优秀杂剧演员成为好朋友。

他夸风光秀丽的杭州：

普天下锦绣乡，寰海内风流地。

——《一枝花·杭州景》

他赞人才辈出的扬州：

十里扬州风物妍，出落着神仙。

——《一枝花·赠朱帘秀轻》

马致远到江浙任职后，依然对当时的政治不满。他一生官场生涯坎坷，就羡慕起了隐逸山林的陶渊明，就自号"东篱"。某天，五十多岁的马致远终于看破红尘，决定辞官隐居田园。

而后，马致远与文士王伯成结交，和李时中、花李郎、红字公等人组成"元贞书会"，四人联合创作了《黄粱梦》等作品。

从此，马致远就过上了"酒中仙、尘外客、林间友"的隐逸生活。

爆笑！古代学霸笔记！

★ "曲坛双璧"成就大PK一：杂剧

元曲分为杂剧和散曲两大类。关汉卿和马致远在这两方面PK起来，也是不相伯仲。

杂剧方面，两人的代表作分别是《窦娥冤》和《汉宫秋》。关汉卿为窦娥鸣冤，马致远为昭君哀歌，两人不约而同地为封建社会备受压迫的女性发声，写的都是悲剧。

关汉卿的《窦娥冤》被列入"中国十大悲剧"之一，反映了人民的抗争精神，控诉了社会的黑暗。

马致远的杂剧作品精细，题材多元，其中以神仙故事居多，超凡脱俗。元末明初的贾仲明在诗中说"万花丛中马神仙，百世集中说致远"，把马致远夸为"马神仙"。

他的作品以《汉宫秋》最为知名，描写的是西汉时汉元帝受匈奴的胁迫送爱妃王昭君出塞和亲的故事，是马致远根据相关历史事件改写的宫廷爱情悲剧，结合了现实主义和浪漫主义的特点，是带有悲剧色彩的佳作。

★ "曲坛双璧"成就大PK二：散曲

关汉卿除了杂剧，还有不少散曲和套曲，至今还有100多首散曲流传下来，全收在《金元散曲》中。他的散曲内容丰富多彩，具有很高的艺术价值。

大德歌·冬景

[元]关汉卿

雪粉华，舞梨花，再不见烟村四五家。

密洒堪图画，看疏林噪晚鸦。

黄芦掩映清江下，斜缆着钓鱼艖。

·元明清卷·

与杂剧相比,马致远的散曲更加出色。元散曲作家中,他的作品数量最多、流传最广,有120多首,因此被称为"曲状元",现有作品集《东篱乐府》存世。其代表作《天净沙·秋思》被称为"秋思之祖"。

除此之外,马致远的散曲的主题涉猎范围很广,展现着不同的风格,既有豪放洒脱的作品,也有清丽闲适的作品,被誉为元代之冠。

如豪放洒脱:

《离亭宴煞》(节选)

[元]马致远

想人生有限杯,浑几个重阳节!人问我顽童记者,便北海探吾来,道东篱醉了也。

如清丽闲适:

《寿阳曲·山市晴岚》

[元]马致远

花村外,草店西,晚霞明雨收天霁。四围山,一竿残照里,锦屏风又添铺翠。

爆笑！古代学霸笔记！

学霸笔记

天净沙·秋思
[元]马致远

枯藤老树昏鸦，
小桥流水人家。
古道西风瘦马。
夕阳西下，
断肠人在天涯。

"天净沙"是曲牌名，秋思是题目。

古道：已经废弃不堪再用的古老驿道（路）或年代久远的驿道。
西风：寒冷、萧瑟的秋风。
瘦马：骨瘦如柴的马。

枯藤：枯瘦的枝蔓。
昏鸦：黄昏时归巢的乌鸦。昏，傍晚。

这一句的译意为：天色黄昏，一群乌鸦落在枯藤缠绕的老树上，发出凄厉的哀鸣。

断肠人：形容伤心悲痛到极点的人，此处指漂泊天涯、极度忧伤的旅人。

★ 情景交融意象集

同学们，你们可能都听过这样一句话：一切景语皆情语。马致远的这首**《天净沙·秋思》**就是寓情于景、情景交融的典范。

这首散曲小令很短，一共只有5句、28个字，却用了多达11个意象。通过意象巧妙的白描与堆叠，勾勒出了一幅凄凉动人的秋郊夕照图。

全曲没有一个**"秋"**字，却满满的都是秋意和伤愁，准确地传达出了旅人凄苦的心境，无怪乎被后世赞誉为"秋思之祖"。

首先，这首曲做到了寓情于景。前三句全部由名词组成，前四句都是写景色，一共罗列 10 种不同的景物，但情感基调却高度一致，都是伤秋感怀的凄苦悲凉。

不信？你仔细看这些景语，不都是情语吗？**"枯""老""昏""瘦"** 等字眼，使得浓郁的秋色之中，蕴含着无限凄凉悲苦的情调。而最后一句 **"断肠人在天涯"**，作为 **"曲眼"**，更具有画龙点睛之妙。全曲情景交融，抒发了一个漂泊天涯的游子在秋天思念故乡，倦于漂泊的凄苦愁楚之情。

另外，文中白描勾勒的手法也很厉害！意象堆叠，数量众多，紧密排列，却不嫌累赘，有画技中极简的味道。让天涯游子，骑一匹瘦马，出现在一派凄凉的背景之中，哀愁溢于纸上。这种技法的应用，恰恰非常适合本曲的主题，极大地突出与强化了凄惨、悲苦的情感，也让他凝练的语言容量巨大，意蕴深远。

学霸小剧场

朋友圈

 **关汉卿**

扬州真是人才辈出，珠帘秀的表演，比脱口秀还精彩！种草了！
@ 扬州城

♡ 珠帘秀、赛帘秀、燕山秀、顺时秀等好友

珠帘秀：感谢关先生对我的厚爱！
赛帘秀：师父真棒！感谢关先生！
燕山秀：师父真棒！感谢关先生！
顺时秀：@ 王和卿 伯父，快来看演出！

· 元明清卷 ·

朋友圈

马致远

各位，我们"元贞书会"的新作品《黄粱梦》上线啦！请多多关注！

♡ 王伯成、李时中、花李郎、红字公等好友

李时中：黄粱一梦，换了人间！

花李郎：我已经迫不及待要演起来了！

红字公：@ 花李郎 哈哈，你别和我抢！

王伯成：老马，记得送我一本签名的！

第 2 章

归有光和吴承恩——
一个县衙，俩文坛巨匠

归有光
昵称：字熙甫，别号震川
地区：今江苏昆山
（1507 年—1571 年）

主要成就：明代官员、散文家，"唐宋派"代表，被称为"今之欧阳修""明文第一"。

朋友圈： >

添加到通讯录

吴承恩
昵称：字汝忠，号射阳居士
地区：今江苏淮安
（约 1504 年—1582 年）

主要成就：明代文学家，中国古典四大名著之一的《西游记》作者。

朋友圈： >

添加到通讯录

爆笑！古代学霸笔记！

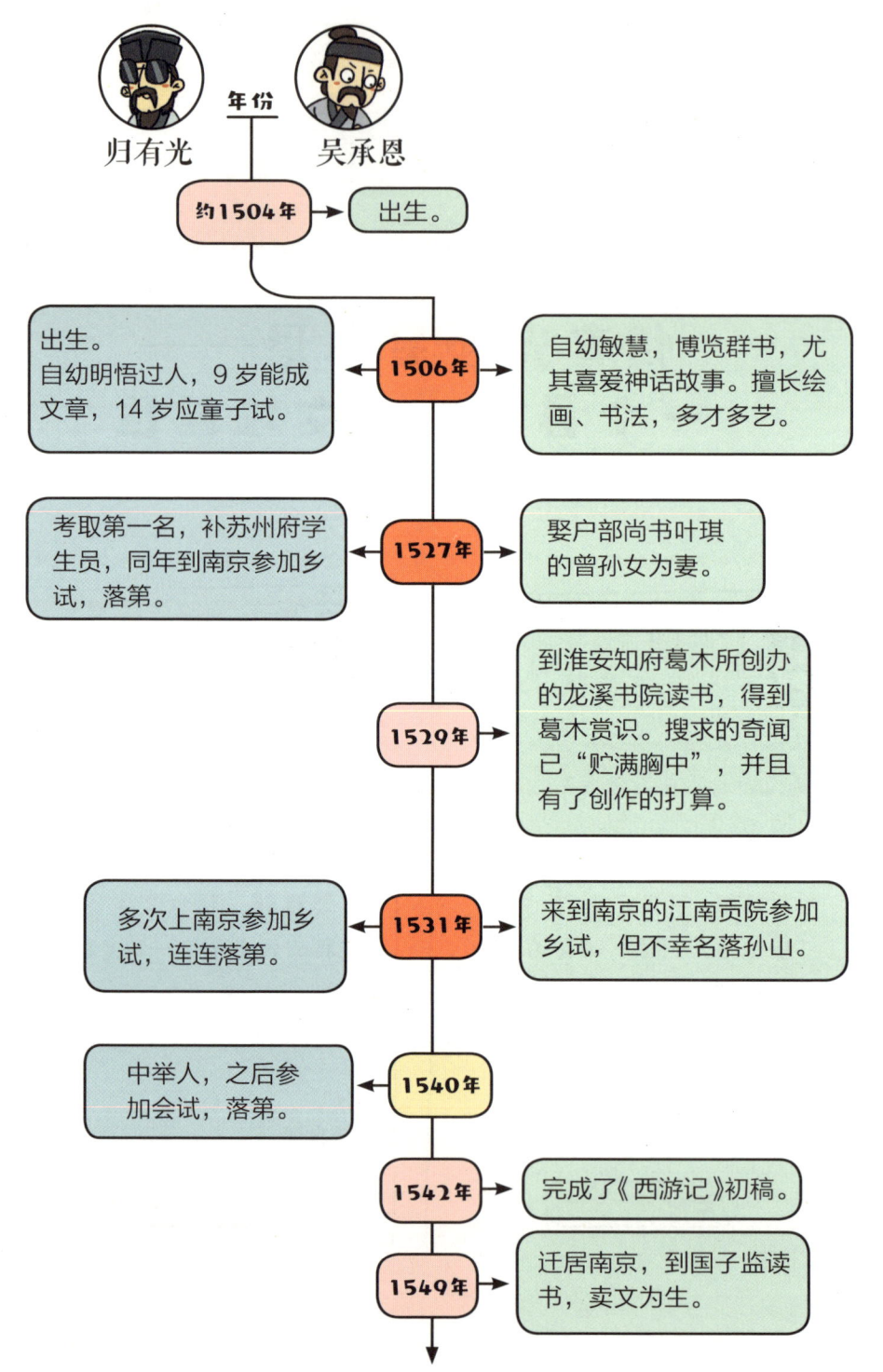

· 元明清卷 ·

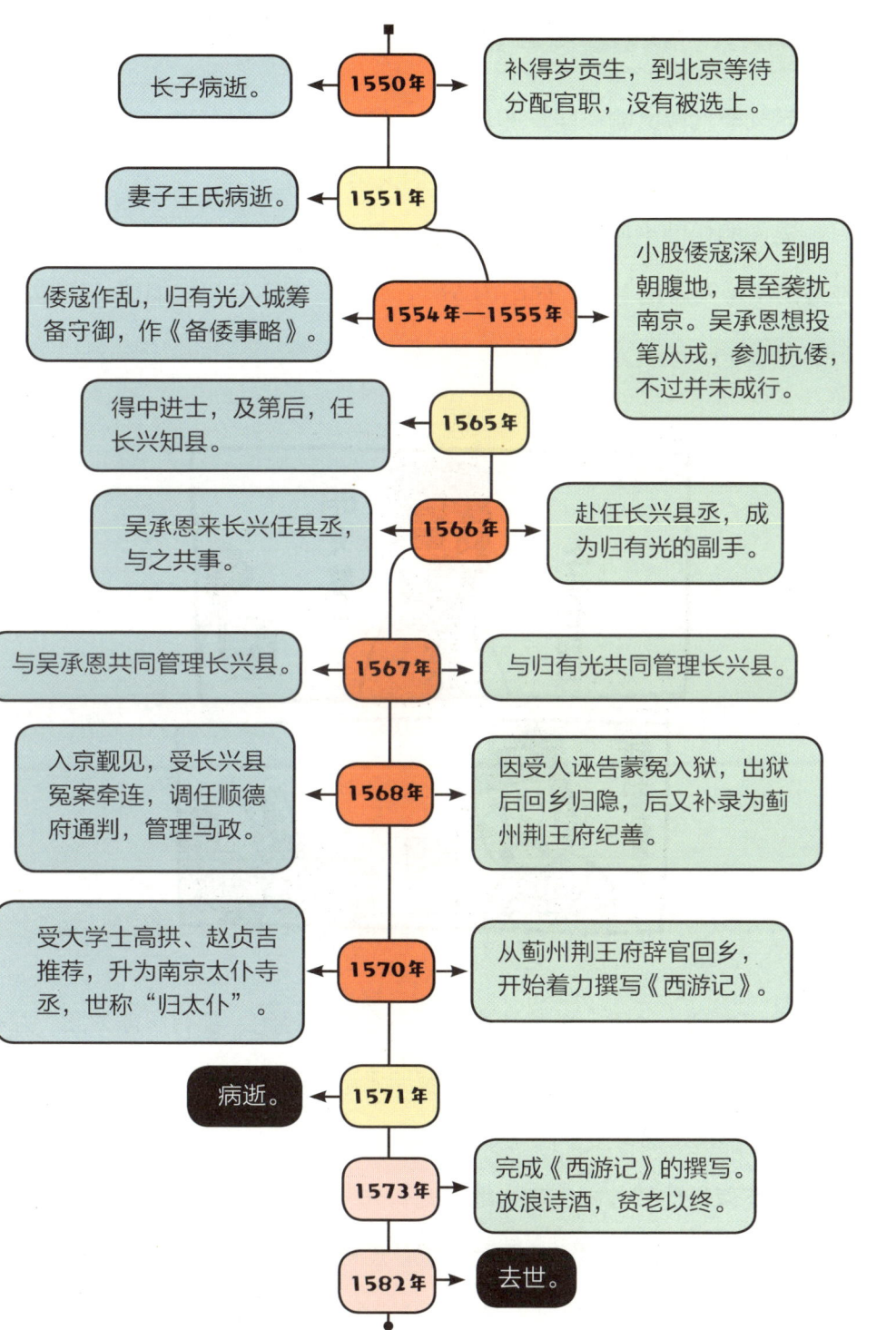

- **1550年**：长子病逝。／补得岁贡生，到北京等待分配官职，没有被选上。
- **1551年**：妻子王氏病逝。
- **1554年—1555年**：倭寇作乱，归有光入城筹备守御，作《备倭事略》。／小股倭寇深入到明朝腹地，甚至袭扰南京。吴承恩想投笔从戎，参加抗倭，不过并未成行。
- **1565年**：得中进士，及第后，任长兴知县。
- **1566年**：吴承恩来长兴任县丞，与之共事。／赴任长兴县丞，成为归有光的副手。
- **1567年**：与吴承恩共同管理长兴县。／与归有光共同管理长兴县。
- **1568年**：入京觐见，受长兴县冤案牵连，调任顺德府通判，管理马政。／因受人诬告蒙冤入狱，出狱后回乡归隐，后又补录为蓟州荆王府纪善。
- **1570年**：受大学士高拱、赵贞吉推荐，升为南京太仆寺丞，世称"归太仆"。／从蓟州荆王府辞官回乡，开始着力撰写《西游记》。
- **1571年**：病逝。
- **1573年**：完成《西游记》的撰写。放浪诗酒，贫老以终。
- **1582年**：去世。

爆笑！古代学霸笔记！

★ **考着考着，他们就都老了**

若问明代散文哪家强？那必然是"震川先生"归有光。当时的人们夸他是"今之欧阳修"，后人又赞其"明文第一"。

若问明代谁小说写得最棒？候选人很多，但吴承恩一定名列前茅。这位写出了《西游记》的"射阳山人"，和归有光不但年纪相仿，就连命运也惊人的相似。

谁能想到，他俩一个才华横溢，一个满腹经纶，都有学霸体质，却是一对没有考运的"倒霉蛋"。不断参加考试，不断落榜，考着考着，就把自己的青春年华都考没了。

而南京是他们共同的伤心地。归有光曾经五上南京参加乡试，都名落孙山。吴承恩去南京的江南贡院考试，也屡试不第。后来归有光好不容易中了举人，终于能参加会试，又连续八次落第。

· 元明清卷 ·

★ 花甲之年，共事"梦鼎堂"

当年在南京时，他们虽是身处同一考场的难兄难弟，却相见不相识。等到两人第一次正式见面时，都已经是胡子花白的六旬老人了。

在这个即将携手退休的年纪，他们却才刚刚走进官场的初级门槛——归有光任县令，吴承恩任县丞，当归有光的副手。两位文学家，就这样成了上下级的同事。

假如你到今天的长兴县,还会看到两人合作的作品——**《圣井铭并叙》** **《梦鼎堂记》**等碑文。这些碑文由归有光撰文,吴承恩书写,是两人合作的结晶、友谊的见证。

原来,归有光到任后,重建长兴县衙门,因某晚梦见"函牛之鼎",所以就将县衙后宅题名为"梦鼎堂",于是就有了这篇名为**《梦鼎堂记》**的碑文。他们共事"梦鼎堂"期间,勤政爱民,传为一段佳话。

★长兴县的一对"黄金搭档"

在归有光、吴承恩来长兴县之前,这里的知县之位长期空缺,豪门大族勾结府衙为非作歹,盗贼很多,治安很差,百废待兴。

自从归有光走马上任后,一切都重启了。归有光学习历代循吏治理的经验,处处为老百姓着想,长兴县的风气大为好转。等吴承恩来后,更是成了归有光的得力助手。两人一起改革时弊,堪称"黄金搭档"。

这两个读书人,都关心百姓,同情弱者,不逢迎豪强。他们顶住各方压力,改革当时的"里递"制为明朝初年实行的"粮长"制,保护了小户的利益,却因此得罪了县里的豪门大户和州府长官,埋下了隐患。

听说,吴承恩还曾在长兴一带采风,饱览那里的山川洞府,为后来创作《西游记》花果山部分积累了很多素材。

他还留下了一首七言诗《长兴作》:

风尘客里暗青袍,笔研微闲弄小舠。
祗用文章供一笑,不知山水是何曹。
身贫原究初非病,政拙阳城自有劳。
会结吾庐沧海上,钓竿轻掣紫金鳌。

爆笑！古代学霸笔记！

· 元 明 清 卷 ·

★ "吴"端入狱，一去不"归"

隆庆元年，归有光进京觐见，结果有人趁着归有光暂离，暗中勾结，陷害吴承恩。当时的代理知县因贪赃罪被捕，吴承恩也受到牵连而入狱。在那一刻，不知他是否激起了创作灵感，将自己想象成笔下那被压在五指山下的孙悟空？

虽然后来吴承恩被释放出狱，但也被撤了职，而归有光也同样被调离了长兴，这对"黄金搭档"就这样各自单飞了。他们二人，一个去顺德府当通判，管理马政；一个去荆王府当纪善，做闲职。从此未能再续前缘。不知道这马政与闲职，是否也是吴承恩笔下"弼马温"的原型？

★暮年，走向两个极端

归有光一生的官运都集中在晚年，后来受到内阁官员的推荐，他最终做官做到了南京太仆寺丞，被世人称为"归太仆"。但因操劳过度，累死在工作岗位上，享年66岁。

吴承恩就更看得开了。本就不愿做官的他，后来辞官归隐，完成了《西游记》的创作，放浪诗酒，贫老以终。

《西游记》里的一首诗，可以算得上是吴承恩暮年生活的真实写照——

一轮明月满乾坤

[明]吴承恩

十里长亭无客走，九重天上现星辰。
八河船只皆收港，七千州县尽关门。
六宫五府回官宰，四海三江罢钓纶。
两座楼头钟鼓响，一轮明月满乾坤。

> 学霸笔记

寒花①葬志② 〔明〕归有光	注释
婢，魏孺人媵也。嘉靖丁酉五月四日死。葬虚丘。事我而不卒，命也夫！ 婢初媵③时，年十岁，垂双鬟④，曳深绿布裳。一日天寒，爇火煮荸荠熟，婢削之盈瓯，予入自外，取食之，婢持去不与。⑤魏孺人笑之。孺人每令婢倚几旁饭，即饭，目眶冉冉动，孺人又指予以为笑。⑥ 回思是时，奄忽便已十年。吁，可悲也已！	①寒花：作者原配夫人魏氏陪嫁过来的婢女。 ②志：墓志，一种文体。 ③媵(yìng)：陪嫁的婢女。 ④鬟(huán)：妇女梳的环形的发髻。 ⑤句意：一天天气寒冷，家中正在烧火煮荸荠，寒花将已煮熟的荸荠一个个削好皮盛在小瓦盆中，已盛满了，我刚从外面进屋，取来就吃，寒花立即拿开，不给我。 ⑥句意：我妻经常叫寒花倚着小矮桌吃饭，她就吃，两个眼珠慢慢地转动着。我妻又指给我看，觉得好笑。

> 爆笑！古代学霸笔记！

★ 平淡质朴见深情

归有光被称为"明文第一"，他的代表作**《项脊轩志》《沧浪亭记》《寒花葬志》**等，都没有华丽的辞藻和过多的修饰，反而是文风淡雅，却感人至深的。这篇纪念自己婢女寒花的悼亡之文，很好地向我们诠释了什么叫"语到极致是平常"，原来最平淡质朴的表达，也能蕴藏最动人的深情。

总的来说，有**"三平三但"**——

首先，**语言平常，但构思精巧**。文中既无奇特的内容，也无曲折的情节，所描述的不过是些日常生活中极为平常的琐事，似乎是信手拈来，全不经心，却真正体现了作者的细心。

其次，**事例平凡，但紧扣中心**。别看事例小而普通，且看似没有规律，但所选事件都紧紧围绕思念亲人的这一中心而着意择取，做到了散文中的"形散而神不散"，决不会使读者有堆砌、罗列、随意、杂乱之感。

最后，**叙事平淡，但寄托深情**。文中写了婢女寒花的三件小事以及亡妻魏氏的两笑，既悼念了亡婢，更悼念了亡妻，运笔灵动，小巧精深。以其体验过的感情，诉诸笔端，不借表白，而只凭借人物形象来感人。叙事带出形象，形象带出情感。寥寥数笔，婢女的天真可爱、魏氏的温婉贤淑，形象鲜活，跃然纸上。

· 元明清卷 ·

学霸小剧场

< 归有光 ···

 归有光
汝忠兄，还在写你的《西游记》呢?

吴承恩
哈哈,写着玩的游戏之作,让归大人您见笑了。

 归有光
汝忠兄你可太过谦虚了,你的文才我也是见识过的。你不但善书画、懂诗词、会创作,还写得一手好碑文,真是多才多艺。

吴承恩
归大人,说到才华,谁不知道您"震川先生"的大名。您的古文和俞仲蔚的诗歌、张子宾的制艺,更被誉为"昆山三绝",众所皆知。

 归有光
汝忠兄谬赞了! 多亏有你的辅佐,我俩总算是把这长兴县治理得井井有条,也能让百姓安居乐业了。

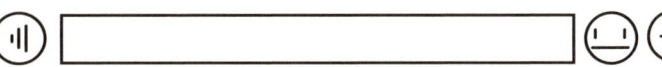

爆笑！古代学霸笔记！

归有光

吴承恩
这还不是归大人您领导得好呀！

归有光
我听说，你当年和我一样，都曾屡试不第，连连参加乡试，多次落榜？

吴承恩
唉！是呀，往事不堪回首。咱们也都是到了花甲之年，才有了这一官半职呀！

归有光
唉！这就是人生呐！可惜我的妻儿都没能见到我做官的这一天。

吴承恩
归大人，别难过，他们在天有灵，看到今天的您，也会欣慰的。

第3章

公安三袁——"公安派"的"反古仔"三兄弟

袁宗道
昵称：字伯修，号玉蟠
地域：湖北公安

（1560年—1600年）

主要成就：明代文学家、官员，"公安派"的发起者和领袖之一，与袁宏道、袁中道合称"公安三袁"。

朋友圈： >

添加到通讯录

袁宏道
昵称：字中郎，号石公
地域：湖北公安

（1568年—1610年）

主要成就：明代文学家，明代反对复古运动主将，"公安派"成就最高者。

朋友圈： >

添加到通讯录

袁中道
昵称：字小修
地域：湖北公安

（1570年—1626年）

主要成就：明代文学家、官员，"公安派"代表人物。

朋友圈： >

添加到通讯录

爆笑！古代学霸笔记！

袁宗道

年份

1560年 → 出生。

1586年 → 礼部会试第一名，参加殿试中二甲第一名进士。

1587年 → 任翰林院编修，授庶吉士。

1592年 → 一直在朝为官。

1597年 → 以翰林院修撰充东宫讲官。

1598年 → 三袁共同发起，在北京西郊崇国寺组织"蒲桃社"，吟诗撰文，抨击"七子"。

1600年 → 去世。

· 元明清卷 ·

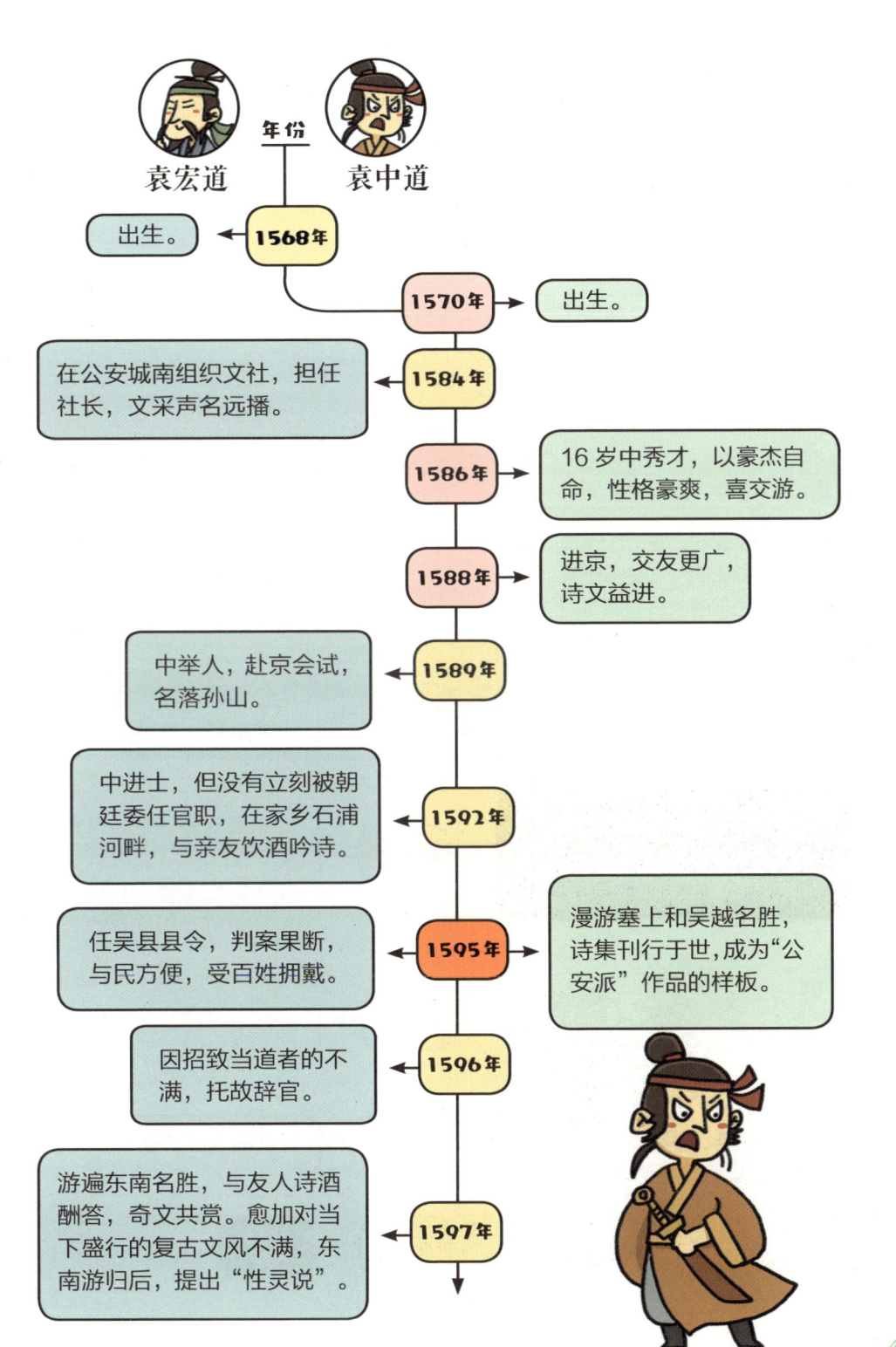

袁宏道　年份　袁中道

- 1568年 ← 出生。
- 1570年 → 出生。
- 1584年 ← 在公安城南组织文社，担任社长，文采声名远播。
- 1586年 → 16岁中秀才，以豪杰自命，性格豪爽，喜交游。
- 1588年 → 进京，交友更广，诗文益进。
- 1589年 ← 中举人，赴京会试，名落孙山。
- 1592年 ← 中进士，但没有立刻被朝廷委任官职，在家乡石浦河畔，与亲友饮酒吟诗。
- 1595年 → 漫游塞上和吴越名胜，诗集刊行于世，成为"公安派"作品的样板。
- 1595年 ← 任吴县县令，判案果断，与民方便，受百姓拥戴。
- 1596年 ← 因招致当道者的不满，托故辞官。
- 1597年 ← 游遍东南名胜，与友人诗酒酬答，奇文共赏。愈加对当下盛行的复古文风不满，东南游归后，提出"性灵说"。

爆笑！古代学霸笔记！

1598年 ← 为顺天府教授。后又迁国子监助教。

1598年 → 三袁共同发起，在北京西郊崇国寺组织"蒲桃社"，吟诗撰文，抨击"七子"。

因兄长袁宗道去世，告病回乡，在公安城南筑"柳浪馆"，终日与少年旧友吟诗作文，寄趣山水。 → **1600年**

1603年 → 33岁，顺天乡试中举人。

离开柳浪湖，返京任职，专门从事戏曲、小说研究，称赞《金瓶梅》《水浒传》等作品。 → **1606年**

1608年 → 从北京回公安，又先后游历湖南多处名胜。

以吏部验封司郎中告归，公安正值大水，他卜居沙市，九月患病去世。 → **1610年** → 二哥袁宏道去世，悲痛过度，生大病，几乎死去。冬天隐居玉泉山读书学佛，修身养性，不再远游。

1616年 → 47岁，中进士，授徽州府教授、国子监博士。

1620年 → 升任南京吏部主事。

1626年 → 逝世。

★古"惑"仔的主力竟是"公安"？

明代自弘治以来，文坛形成了两大势力：以李梦阳、何景明为首的"前七子"和以王世贞、李攀龙为首的"后七子"。这"前后七子"极力倡导"文必秦汉，诗必盛唐"的论调，影响巨大，天下人将李、何、王、李四人推为"四大家"，成了当时把持主流思想的"导师"。面对这种局面，文坛开始涌现出一批对复古之风充满困惑的古"惑"仔，组成了"反古联盟"。

这个"反古联盟"的中坚力量是一个叫"公安派"的流派。别误会！这里的"公安"可不是指警察叔叔哦！这是湖北的一个地名，此地出了袁氏三兄弟，合称"公安三袁"。他们三人便是当时文坛最强的"反古仔"！

爆笑！古代学霸笔记！

★ 这三个"反古仔"各个厉害！

　　三兄弟中的"反古"先锋是大哥袁宗道。他特别崇拜白居易、苏轼，连自己的书斋都命名为"白苏斋"，就是为了提倡像苏、白一样写通俗易懂、接近口语的文字。

三兄弟中成就最高的是老二袁宏道。他是"公安派"的实际领导者，强调文章要"真"，反对句拟字摹，提出"性灵说"。他本人学识渊博，涉猎广泛，将三教思想合一，写有大量山水游记。

三弟袁中道是三兄弟中活得最久、入仕最晚的。少年时性格豪爽，自称"豪杰"，喜欢交游，爱读老庄与佛家之书。他认为"天下无百年不变之文章"，也创作了不少游记、日记、尺牍。

★看我"公安派"的三记"重拳"！

"公安派"在袁家三兄弟的领导下，以"性灵说"为核心提出三大主张，犹如打向守旧复古派要害的三记"重拳"——

第一记·如来拳：反对承袭，主张变通。他们猛烈地抨击"前后七子"句拟字摹、食古不化的思想，主张要讲求变化，用通俗的文字冲破拘束。

第二记·空明拳：独抒性灵，不拘格套。他们强调作家的个性表现和真情抒发，要求真，正所谓"不精不诚，不能动人"，实现文学理念上的革新。

第三记·通背拳：他们推崇民歌小说，提倡通俗文学。强调文字要通俗易懂，认为《水浒传》多奇变，更胜《史记》，还以《打枣竿》等时调为诗。

★光靠小清新，果然还是赢不了

"公安派"确实取得了一定的成功，尤其是在散文方面，清新活泼、自然率真的文风取得了很高的文学成就。他们的核心理论"性灵说"融合了鲜明的时代内容，和李贽的"童心说"一脉相承，对打破拟古主义的文风是有力量的。不仅明确肯定人的生活欲望，还特别强调表现个性，表现了当时晚明人的个性解放思想。

可尽管如此，他们也不是没有缺点。这一派的内容多局限于抒写闲情逸致，不强调"学问"，内容显得有些贫乏，这也是创作思想导致的。所以，尽管"公安三袁"在当时也形成了一定的影响，但始终未能完全改变拟古之风。

★ 绝无仅有的文坛三兄弟

但不管怎样，在中国文学史上，像"公安三袁"这样的学霸三兄弟，能同时于文坛立足，还形成流派影响的，可以说是绝无仅有，堪称佳话。

最后，来欣赏三兄弟中的代表人物袁宏道的一首《竹枝词》——

> 雪里山茶取次红，白头孀妇哭青风。
> 自从貂虎横行后，十室金钱九室空。

这首诗用了不少俚语俗词，如"雪里""白头""貂虎"等，都来自民间的口语。但这首诗并不浅薄，它内容充实健康，情感质朴真切，选词也精当形象，艺术感染力强，这就是"公安派"所强调的通俗之美。

西湖（节选） 〔明〕袁宏道	注释
从武林门①而西，望保俶塔②突兀层崖中，则已心飞湖上也。午刻入昭庆③，茶毕，即棹小舟入湖。山色如娥，花色如颊，温风如酒，波纹如绫，才一举头，已不觉目酣神醉。④此时欲下一语描写不得，大约如东阿王⑤梦中初遇洛神⑥时也。余游西湖始此，时万历丁酉二月十四日也。	①武林门：在杭州城北，宋代名余杭门。 ②保俶塔：在西湖北宝石山上，始建于宋初。 ③昭庆：昭庆寺。 ④本句句意：山色葱绿，宛若美人的黛眉；岸上春花嫣红，恰似少女的面颊；湖上和风，如同酒香一样醉人；湖中波纹，似白绫一样起伏。刚一抬头，已经觉得很好看，全身心都沉醉了。 ⑤东阿王：指三国曹植。 ⑥洛神：洛水女神。曹植梦中遇洛神事见其《洛神赋》。

★ 所见所感相交融

这篇《西湖》的作者袁宏道作为"公安派"的领袖，他主张抒写性灵，用的语言朴素，却富有变化，清新美妙。特别是他既能抓住西湖美景特点进行描写，又能表达自己的内心感受，将所见所感巧妙融合，写出情趣。

首先，他未见湖景，先写所感。从望见保俶塔就"心飞湖上"便可看出他心中对西湖向往已久，对美景早已迫不及待。这时的袁宏道刚辞去吴县知县，从官场当中脱身出来，匆匆走向清新的大自然。从"心飞湖上"四字，我们仿佛能看到他呼吸着新鲜的空气，领略着大自然的神奇，陶冶着自己的性情，享受着**精神上的快乐**。

爆笑！古代学霸笔记！

然后，他写所见，用四个**"如"**来描绘。寥寥几笔，就用诗一样美的比喻把所见的四种景物，即**山色、花色、温风、波纹**，写得极为传神，把风光媚人的西湖形象地勾勒出来。

学霸小剧场

← 　　　我们都是"反古仔"　　　⋯

大哥袁宗道拍了拍你的手，并唱起了《打枣竿》

大哥袁宗道拍了拍你的肩膀，并喊了声："豪杰！"

 袁宗道
两位好弟弟，现在文坛的复古风潮当道，我想发起一场反对复古的运动，参加吗？

· 元明清卷 ·

我们都是"反古仔"

 袁宏道
> 不愧是亲哥啊，和我想到一块去了。我自从辞官后，游历东南，早就对这种拟古之风很不满了！

 袁中道
> 大哥、二哥，弟弟响应你们的号召。

 袁宗道
> 真是好兄弟！👍 既然如此，那我们"公安三袁"从今日起就和那"前后七子"来一场 battle，决战到底！

 袁宏道
> 我的口号是：独抒性灵，不拘格套！

 袁中道
> 说得对！天下无不变之文章！😁

 袁宗道
> 将群名改为：我们都是"反古仔"。🥳

第 4 章

张岱和王思任——时代洪流下的"段子手"

张岱

昵称： 字宗子，又字石公，号陶庵、蝶庵、古剑老人，晚年号六休居士。
地区： 今浙江绍兴

（1597年—约1689年）

主要成就： 明清之际史学家、文学家。以小品文见长，以"小品圣手"名世。

朋友圈： >

添加到通讯录

王思任

昵称： 字季重，号遂东
地区： 今浙江绍兴

（1575年—1646年）

主要成就： 明代文学家、官员，明末小品文大家。其子王鼎起编选《谑庵文饭小品》，后人编有《王季重十种》传世。

朋友圈： >

添加到通讯录

爆笑！古代学霸笔记！

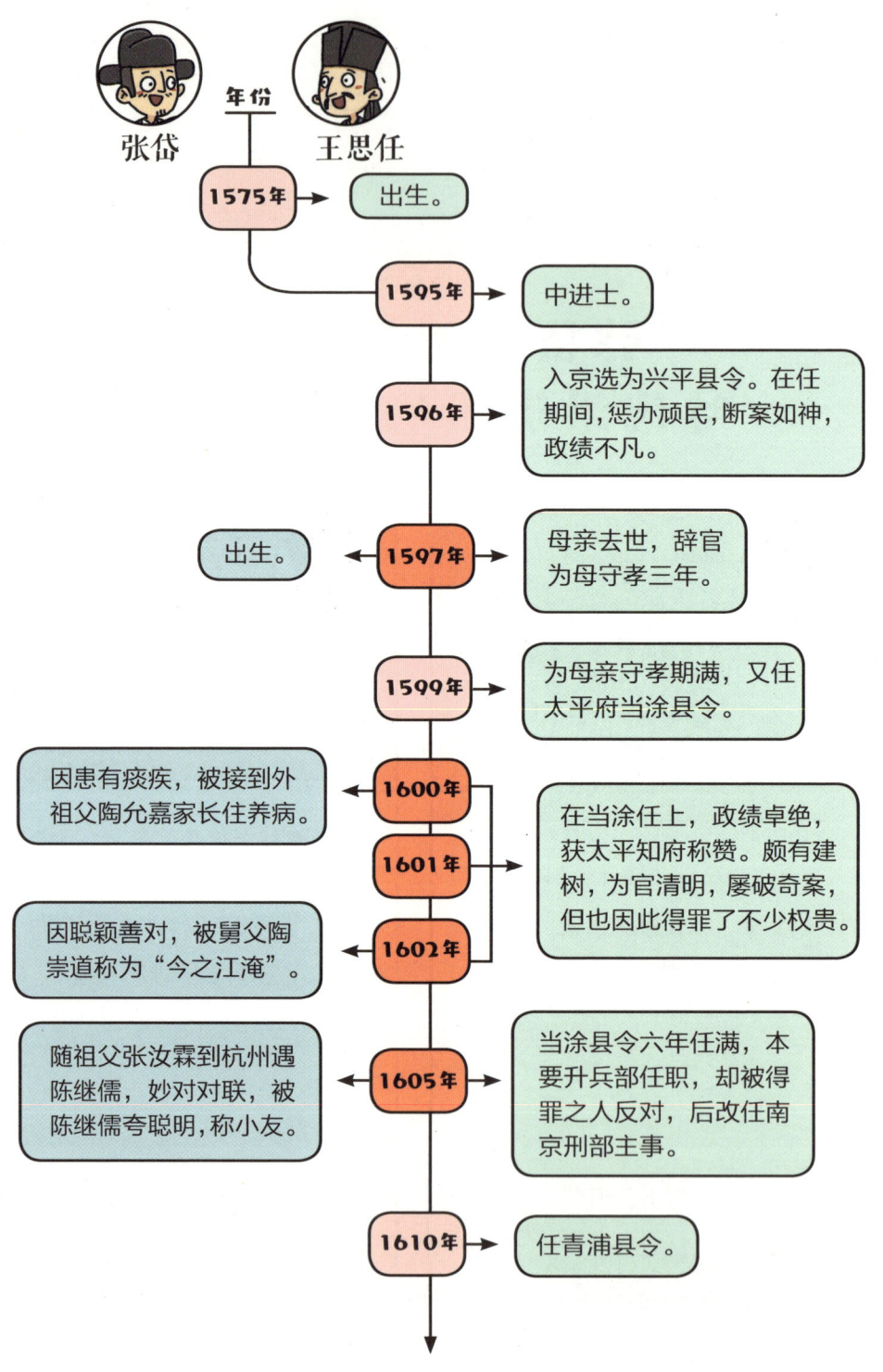

· 元明清卷 ·

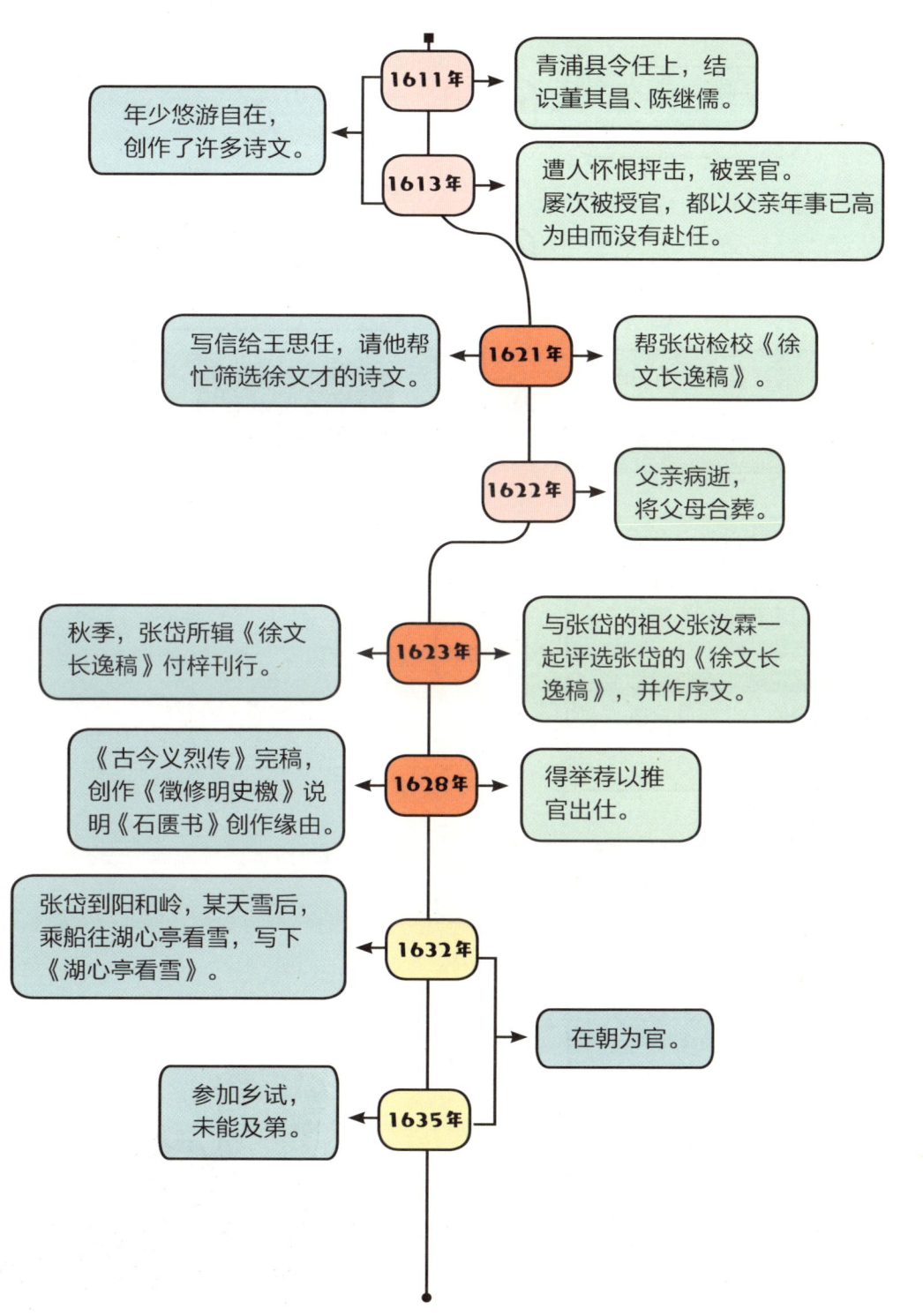

爆笑！古代学霸笔记！

- **1644年**：李自成攻入北京，明朝灭亡。
- **1645年**：任礼部侍郎，痛数马士英之罪，去信马士英，拒其入越地，传为千古佳话。
- **1646年**：躲避兵灾于西白山中，"山水知己"王思任殉节而死。绍兴为清兵所破，绝食而死。
- **1647年**：继续躲避兵灾于剡中。本想像王思任一样殉节，但因《石匮书》未完工而作罢。于兵灾结束后迁居故乡山阴项里，坚守贫困，潜心著述。
- **1654年**：《石匮书》完稿，作自序。
- **1665年**：撰写《自为墓志铭》，向死而生。
- **约1689年**：寿终正寝，与世长辞，享年约93岁，逝后被安葬于山阴项里。

· 元明清卷 ·

★这位纨绔子弟是个"头号玩家"

张岱是一个名副其实的"纨绔子弟",年少时生活豪奢,玩世不恭。他晚年在《自为墓志铭》中称自己:"少为纨绔子弟,极爱繁华……好美食,好骏马,好华灯,好烟火,好梨园,好鼓吹,好古董,好花鸟……"你看看,啥都喜欢啥都玩,这简直就是个"头号玩家"呀!

他喜欢吃奶酪,于是就养起了奶牛;他喜欢喝茶,就做出了网红蓝雪茶,火遍大江南北;他办了一个比兰亭集更盛大的集会,会上700余人高歌同唱,数万百姓手舞足蹈,这是历史上最早的大型蹦迪现场;他弄了个戏班,开演那天,万人空巷,创下古代票房的最高记录……然而,50岁后的张岱见证了明朝覆灭,看到国破家亡,便隐居山林躲避战乱,过着穿布衣、吃野菜的日子,落魄的他,感叹人生就像幻梦一场。

★ "小品圣手"的"山水知己"

然而，就是这样一位"玩家"张岱，却又是明末第一才子。他特别擅长写小品散文，被称为"小品圣手"。他有一位"山水知己"，名叫王思任，同样也是小品文的大家。

王思任的文笔十分放纵诙谐，才情浪漫。他经常会讽刺时政，以戏谑见长，所以他晚年自号"谑庵"。张岱、王思任的小品散文，能与"竟陵派"的钟惺、谭元春一较高下。

· 元明清卷 ·

王思任在明朝散文界的地位，被称为是"上承徐渭，下启张岱"。而确实也是因为徐文长的关系，让张岱和王思任结缘。

原来，当时年轻的张岱想整理徐文长的诗稿，王思任看了，提醒他别贪多，张岱起初不以为然，后来才发现王思任的提醒十分正确，连忙请王思任帮忙筛选。王思任不但帮张岱检校这本《徐文长逸稿》，还作了序，两人之间的友情就这样奠定了。

★ "脱口秀"鼻祖的"段子合集"

这张岱还是"脱口秀"的鼻祖，古今第一"段子手"。明朝灭亡后，张岱苦中作乐，每天编段子取悦自己，共编了4248个段子，组成一本段子合集《夜航船》。

正如书名所示，像在夜航的船上聊天，只为打发长夜，没有题材限制，因为夜黑也没有任何身份之别，内容包罗万象、雅俗共赏。所以在这本书里，什么段子都有——

在这里，你可以了解许多知识，比如花木的别名，各类暗号般的典故，星斗的意义，早已灭绝的古国，哪座名山可以追访到哪位仙人的踪迹，宋

爆笑！古代学霸笔记！

代人的饮食，唐代人的衣冠，甚至还有鬼神方术，用什么招可以晚上不做噩梦，念什么口诀能退恶犬，求雨的秘法，等等。

可这些段子让整个清朝感到恐惧，统治者搞不明白为什么人们读了这本书后竟会开启民智，索性将它列为禁书。数百年后的今天，《夜航船》早已成了文人眼中的抢手货，余秋雨和贾平凹都成了张岱的"粉丝"。

★人生如梦，尽入"百科全书"

《夜航船》虽有趣，但张岱的散文集《陶庵梦忆》才是他最重要的代表作！在那个没有搜索引擎的年代，他以一己之力写出了这本"百科全书"式的著作。此书堪称明末文字版的《清明上河图》，内容包罗万千：茶楼酒肆、说书演戏、斗鸡养鸟、放灯迎神、山水风景、工艺书画、园林艺术、奇花异卉、戏曲理论等无所不包，充满知识和乐趣。

人生如梦如忆，这本《陶庵梦忆》是张岱半辈子生涯的真实写照，也是他人生旅程中血与泪的凝结。文中记录着他前半生浪漫生活的种种得意，让我们看到了明末丰厚的民俗文化积淀，构成了明代社会江南生活的一幅绝妙的风俗画卷。

★一个殉节报国，一个向死而生

可惜，像张岱和王思任这样文才惊艳、浪漫诙谐的才子，却因为不幸生活在明清交际之际，结局悲凉。

王思任的结局是悲壮的。他在绍兴城破之后，隐居山林，拒不剃发降清。最后绝食数天而亡，以身殉国。

张岱也曾想像自己的这位"山水知己"王思任一样殉国而死，但当时他的力作《石匮书》还未完成。于是他隐居山林，潜心著述，终于完成。张岱凭借史学上的成就，与谈迁、万斯同、查继佐并称"浙东四大史家"。

到了晚年，张岱向死而生，写下《自为墓志铭》，最后寿终正寝。

湖心亭看雪（节选） 〔明〕张岱	注释
崇祯五年①十二月，余住西湖。大雪三日，湖中人鸟声俱绝②。是日更定矣，余挐一小舟，拥毳衣炉火，独往湖心亭看雪③。雾凇沆砀，天与云与山与水，上下一白④。湖上影子，惟长堤一痕、湖心亭一点、与余舟一芥⑤、舟中人两三粒而已。	①崇祯：是明思宗朱由检的年号（1628-1644）。 ②俱绝：都消失。 ③本句句意：这一天晚上八点左右，我撑着一叶小舟，穿着毛皮衣，带着火炉，独往湖心亭看雪。 ④本句句意：湖面上冰花一片弥漫，天与云与山与水，浑然一体，白茫茫一片。天光湖色全是白皑皑的。 ⑤一芥：一棵小草。芥，小草，比喻轻微纤细的事物；像小草一样微小。

★ 镜头语言会说话

这篇《湖心亭看雪》的作者张岱，就像是一个文字的魔法师，他巧妙运用各种如电影般的"镜头语言"，带着我们一起去湖心亭看了一场绝美的大雪。

第一种，无声镜头。他写"大雪三日，湖中人鸟声俱绝"，简单的两句，就让我们眼前浮现出一片寒气逼人的大雪景象。他不从视觉来写大雪，而通过听觉来写，一个"绝"字，写出大雪后天地静寂、万籁无声的森然寒意，湖山封冻，人、鸟都不作声，仿佛连空气也冻结了，让我们感受到大雪的威严。

爆笑！古代学霸笔记！

　　第二种，广角镜头。在这里，张岱以极其空灵的笔法来写湖中雪景，宛如画了一幅水墨模糊的湖山夜雪图。**"天与云与山与水，上下一白"**，连用三个**"与"**字，生动地写出天空、云层、湖水之间白茫茫一色浑然难辨的景象。

　　第三种，特写镜头。接着他又变换视角，化为一个个连续的特写镜头：**"长堤一痕""湖心亭一点""余舟一芥""舟中人两三粒"** 等等。用**"痕""点""芥""粒"**等一个小过一个的量词，写出视线的移动、景物的变化，简约如画，诗意盎然。这里的景物越来越小，直至微乎其微，仿佛镜头也在逐渐拉到远景，最后定格在混沌一片的冰天雪地中，让人感受到人生天地间茫茫如沧海一粟般的渺小。

学霸小剧场

中华历史名人聊天群（500）

张岱
各位朋友，我的这本新书《夜航船》即将发售！请大家多多支持！

徐渭
张岱小友，感谢你为我整理的《徐文长逸稿》！

王思任
陶庵贤弟你又出新书啦？必须支持！

鲁迅
我们绍兴有两个特产：一个是人才，另一个也是人才！

周作人
我一直以为张宗子是个"都会诗人"，没想到还是个"段子手"。

第5章

纳兰性德和顾贞观——"情歌王子"的儿女情长

纳兰性德
昵称：字容若，号楞伽山人
地区：北京

（1655年—1685年）

主要成就：清朝初年词人，被誉为"满清第一词人"，著有《侧帽集》《饮水词》等。

朋友圈： >

添加到通讯录

顾贞观
昵称：字远平，号梁汾
地区：江苏无锡

（1637年—1714年）

主要成就：清代文学家、词人，著有《弹指词》《积书岩集》等。

朋友圈： >

添加到通讯录

爆笑！古代学霸笔记！

纳兰性德　年份　顾贞观

1637年 → 出生。少年时代，参加吴兆骞的"慎交社"。

1654年 → 于同乡数人结"云门社"于无锡惠山。

出生。 ← 1655年

1664年 → 任秘书院中书舍人。

自幼饱读诗书，文武兼修。 ← 1666年 → 中举人，任国史院典籍。

1667年 → 次年康熙南巡，作为扈从随侍左右。几年间，官至内阁中书。

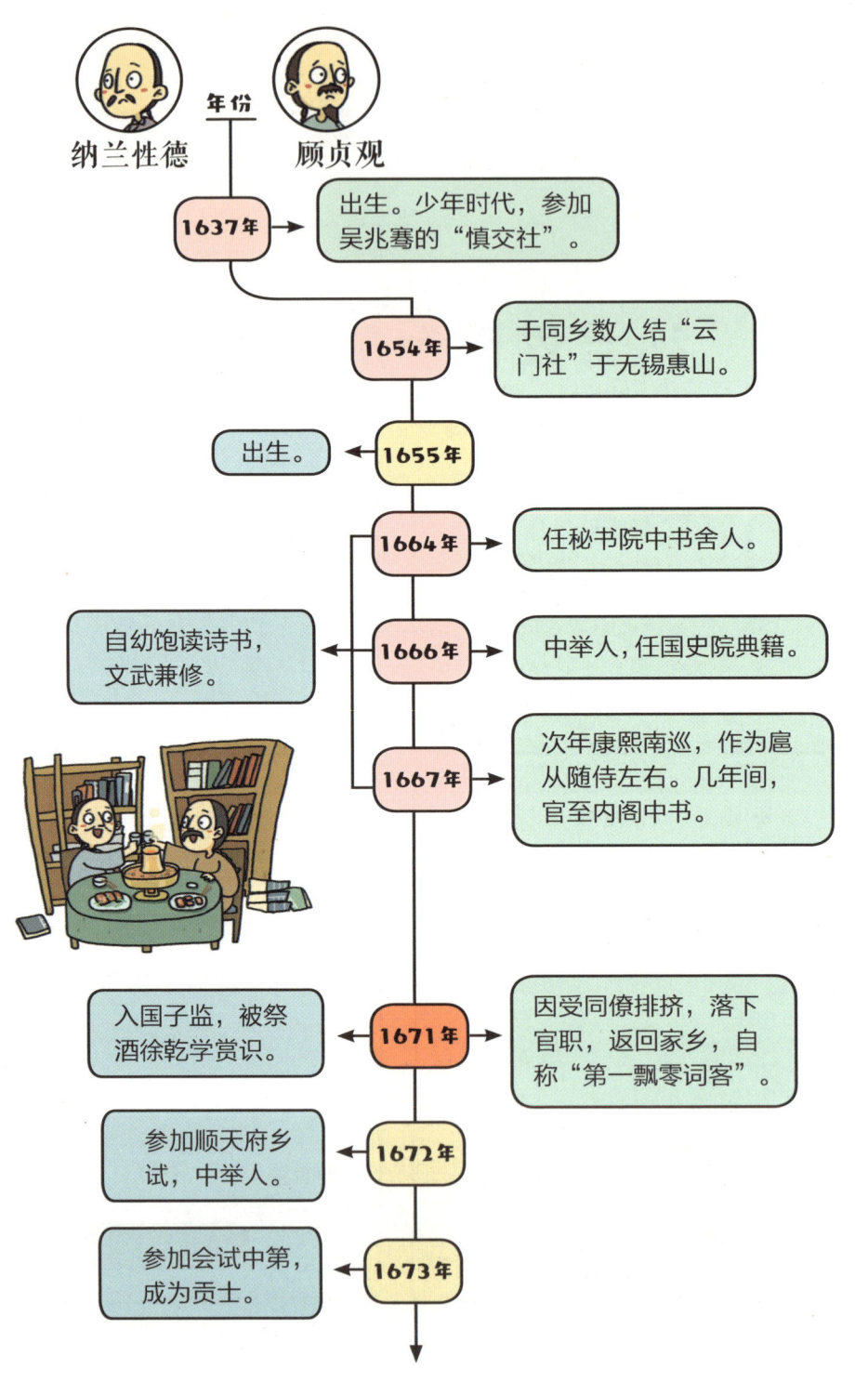

入国子监，被祭酒徐乾学赏识。 ← 1671年 → 因受同僚排挤，落下官职，返回家乡，自称"第一飘零词客"。

参加顺天府乡试，中举人。 ← 1672年

参加会试中第，成为贡士。 ← 1673年

· 元明清卷 ·

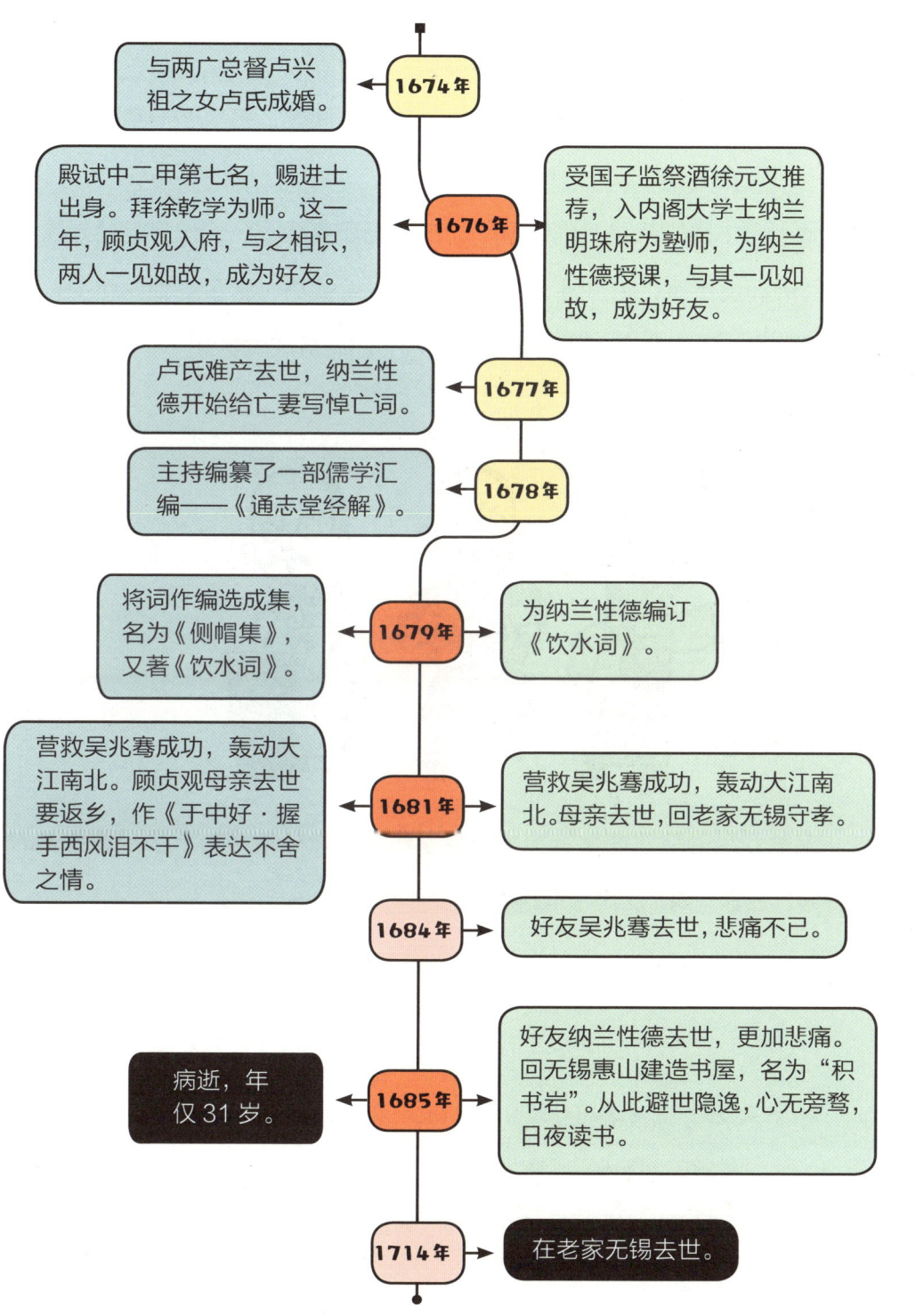

爆笑！古代学霸笔记！

★能文会武懂艺术，好一个贵公子！

如果要在清朝初年选一位集家世、才华、武艺、名气于一身的"超级学霸"，纳兰性德说第二，无人敢说第一！

他一出生用的就是"满级号"，主角光环亮瞎眼！论出身，他是含着金钥匙的满清贵族；论文才，他高中进士；论武功，皇帝封他为侍卫；论写词搞艺术，他还拿了个"满清第一词人"的终身成就奖。一个字：绝！

文武双全的纳兰性德曾跟着康熙皇帝出征，在途中写下了一首著名的军旅词，他那一身的艺术细胞就再也藏不住了——

长相思

[清] 纳兰性德

山一程，水一程，身向榆关那畔行，夜深千帐灯；风一更，雪一更，聒碎乡心梦不成，故园无此声。

这句"夜深千帐灯"真是神来之笔，简直把出征将士的思乡之情给写绝、写透了。

· 元明清卷 ·

★ 帮我的"忘年交"救"忘年交"

俗话说,物以类聚,人以群分。作为"蓝颜知己"交友群群主的顾贞观,很快将自己的两位"忘年交"——纳兰性德和吴兆骞也变成了好朋友。

当时,顾贞观当纳兰性德的家教老师,两人既是师徒,又是好友。每次看到纳兰性德,顾贞观就会想起自己另外一位好友——吴兆骞。老吴多年前蒙冤被诬,一直流放在偏远寒冷的宁古塔。

这些年，顾贞观一直设法营救老吴，却总是失败。他思念吴兆骞，写下了《金缕曲词》二首，忠贞感人，哀怨情深，被称作"赎命词""千古绝调"，相当催泪，比如——

季子平安否？便归来，平生万事，那堪回首？……

纳兰性德眼窝子浅，读后哭得声泪俱下，决定帮自己的"忘年交"老顾救他的"忘年交"老吴，不久终于成功。他俩全力救友的侠义之举登上了热搜，轰动大江南北。

★ 首张个人专辑《侧帽集》发行啦！

作为粉丝心中的文学偶像，纳兰性德也时时不忘自己的主业。首张个人专辑《侧帽集》终于在1679年问世啦！纳兰性德在自己24岁这一年，正式坐稳了大清文学界No.1的宝座。

那么"侧帽"这个梗的出处是什么呢？北周美男子独孤信颜值爆表，某天出城打猎忘了时间，赶着回城时骑马超速，头上帽子都被吹歪了。路人看了觉得帅呆了，就争相模仿，一夜之间，"侧帽"就成了时尚。

·元明清卷·

那天，新专辑制作人顾贞观闲来无事，画了一幅自画像，画上的帽子就是歪着的。纳兰性德一看：天呐，帽子戴歪歪，狂拽酷炫帅！自己这两天正愁不知道该给新专辑起什么名字呢！干脆就叫《侧帽集》吧！

谁能想到，《侧帽集》这张专辑的发行，让纳兰性德一夜爆红，不但一举奠定了他在词坛上"情歌王子"的地位，并且稳居历史第一，至今无人可以撼动。

> 爆笑！古代学霸笔记！

★ "情歌王子"那些屠榜的主打歌

各位听众，接下来，就让我们来欣赏一下《侧帽集》里的几首主打歌吧！

专辑第一主打歌，据八卦小报称，是他写给自己初恋表妹的。二人两小无猜，奈何家人反对，硬被拆散。这首《画堂春》里的那句"一生一代一双人，争教两处销魂"，不知赚走了多少粉丝的泪水。

某本娱乐杂志甚至报道说《红楼梦》里宝玉、黛玉的故事就是以纳兰性德和表妹为原型的，这……还请大家理智吃瓜！

专辑里纳兰性德的每一首词，都代表着他生命中的一段情。

他思念亡妻卢氏，写下悼亡词《浣溪沙·谁念西风独自凉》，那句"当时只道是寻常"，总叫人心头隐隐作痛。

还有《木兰花·拟古决绝词柬友》里的名句"人生若只如初见，何事秋风悲画扇"道尽人生的无奈与遗憾。这首词一出，迅速走红，刷爆各大情歌榜单，连连屠榜！

· 元明清卷 ·

★为我们的友谊干杯，都在词里了！

词人的朋友也是词人，作为纳兰性德的良师益友，顾贞观也是个超级厉害的大词人。他的词坛头衔一大串，一张名片都快写不下了，比如和陈维崧、朱彝尊并称明末清初"词家三绝"，又和纳兰性德、曹贞吉共享"京华三绝"的称号。

而两位大词人之间的友情，自然也是用词来见证的。

爆笑！古代学霸笔记！

1681年，顾贞观因母亲病逝要回无锡守孝，纳兰性德舍不得，写下一首**《于中好·握手西风泪不干》**。其中一句"分明小像沉香缕，一片伤心欲画难"画龙点睛，道尽了离别愁绪。

此外，纳兰性德还为顾贞观写了**《虞美人·残灯风灭炉烟冷》《清平乐·忆梁汾》《虞美人·黄昏又听城头角》**等多首词来表达对这位好友的思念。

既能写爱情，又能写友情，这位"情歌王子"真是名不虚传。

学霸笔记

采桑子①·塞上咏雪 [清] 纳兰性德	注释
非关癖爱②轻模样③，冷处偏佳。 别有根芽，不是人间富贵花④。 谢娘⑤别后谁能惜，飘泊天涯。 寒月悲笳，万里西风瀚海沙⑥。	①采桑子：词牌名，词名由乐府相和歌辞《采桑曲》（陌上桑）变来。 ②癖（pǐ）爱：癖好，特别喜爱。 ③轻模样：雪花轻轻飞扬的样子。 ④富贵花：指牡丹或者海棠之类的花。 ⑤谢娘：晋王凝之妻谢道韫有文才，后人因称才女为"谢娘"。谢道韫曾咏过雪花。 ⑥句意：在寒冷的月光和悲笳声中，任西风吹向无际的大漠。

★ 谜语型创作

纳兰性德的这首**《采桑子·塞上咏雪》**就为我们作了一个很好的示范，全词没有出现一个"雪"字，但句句都在写雪。而且写得独具特色，写得与众不同，与其他的"咏雪"类的诗词相比，更加新颖、有创意。

首先，第一句就标新立异。说自己并不只喜欢雪花那轻舞飞扬的姿态，还有它那不惧寒冷的冰雪精神。这里，**"轻"**是重量，**"冷"**是温度，虽没写雪，却已侧面描写雪的特色。而且提出自己偏爱雪花傲寒精神胜过轻柔模样，立马让文章变得脱俗起来。

接着，在第二句里，纳兰性德竟然把**天上的雪花**与**人间的真花**拿来进行比较。这雪花，像花又不是花，无根又似有根。它不像牡丹、海棠那些人间富贵花那么妖冶、丰满、美艳，反而显得那么冰清玉洁。这句不但凸显雪花的独特，也算是词人在拿雪花的高洁自喻。

到了第三句、第四句，他依然没有直接写雪，反而开始**用典故来暗示**，因为谢道韫曾经咏过雪。然后又用**"飘泊天涯"**四个字写出了雪花的特点，寄托了天涯行旅之苦，就如雪花一样漂泊无依，最后一句更是表达了词人心中的清高孤傲、无人同与的悲凉之感。

间接写、侧面写、对比写、用典故写……不写之写，反而写出特点，真是别具一格。

学霸小剧场

纳兰性德微博年度十大热搜排行榜　TOP10

1. 撒花鼓掌！恭喜纳兰性德喜提"满清第一词人"终身成就奖。

2. 震惊！《红楼梦》里贾宝玉的原型竟是他……

3. 纳兰性德最新专辑《侧帽集》已屠榜三月，难逢敌手！

4. 吴兆骞：感谢顾贞观和纳兰性德把我救出苦寒之地。

5. 纳兰性德 顾贞观

6. 号外！年仅31岁的词作艺术家纳兰性德暴毙家中，天妒英才

7. 专辑《侧帽集》的得名由来，竟与顾贞观有关……

8. 人生若只如初见，何事秋风悲画扇

9. 历史排名第一的"情歌王子"纳兰性德

第 6 章

李渔和蒲松龄——
"喜剧大导演"VS"恐怖小说家"

李渔
昵称：原名仙侣，字谪凡，号天徒，后改名渔，字笠鸿，号笠翁
地区：浙江金华兰溪

（1611年—1680年）

主要成就：明末清初文学家、戏剧理论家、美学家，素有才子之名，世称"李十郎"。

朋友圈： >

添加到通讯录

蒲松龄
昵称：字留仙，别号柳泉居士
地区：山东济南

（1640年—1715年）

主要成就：清代杰出文学家、优秀短篇小说家，清初文言短篇小说集《聊斋志异》的作者。

朋友圈： >

添加到通讯录

爆笑！古代学霸笔记！

李渔 | 年份 | **蒲松龄**

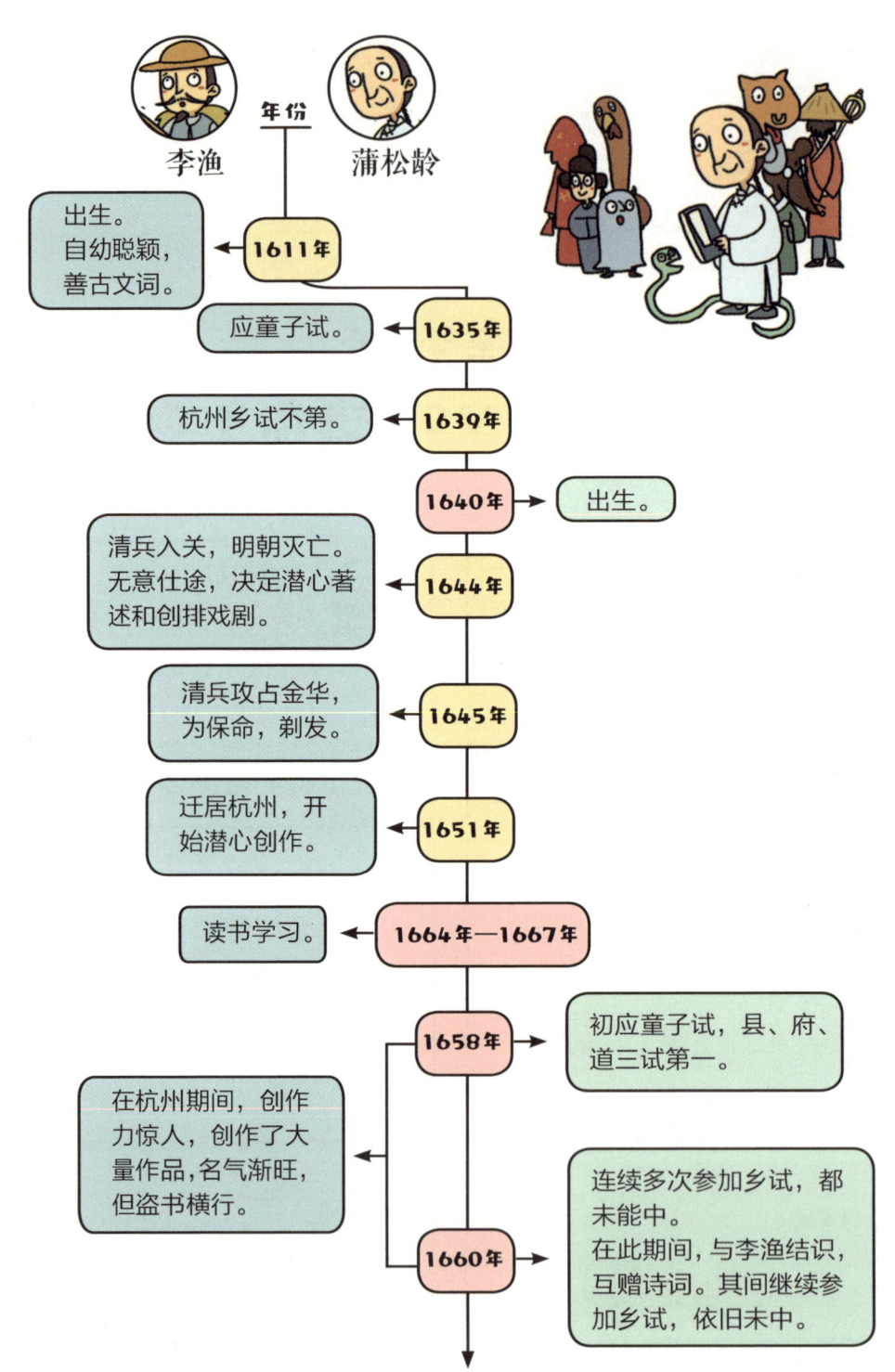

- **1611年**：出生。自幼聪颖，善古文词。
- **1635年**：应童子试。
- **1639年**：杭州乡试不第。
- **1640年**：出生。
- **1644年**：清兵入关，明朝灭亡。无意仕途，决定潜心著述和创排戏剧。
- **1645年**：清兵攻占金华，为保命，剃发。
- **1651年**：迁居杭州，开始潜心创作。
- **1664年—1667年**：读书学习。
- **1658年**：初应童子试，县、府、道三试第一。
- **1660年**：
  - 在杭州期间，创作力惊人，创作了大量作品，名气渐旺，但盗书横行。
  - 连续多次参加乡试，都未能中。在此期间，与李渔结识，互赠诗词。其间继续参加乡试，依旧未中。

· 元明清卷 ·

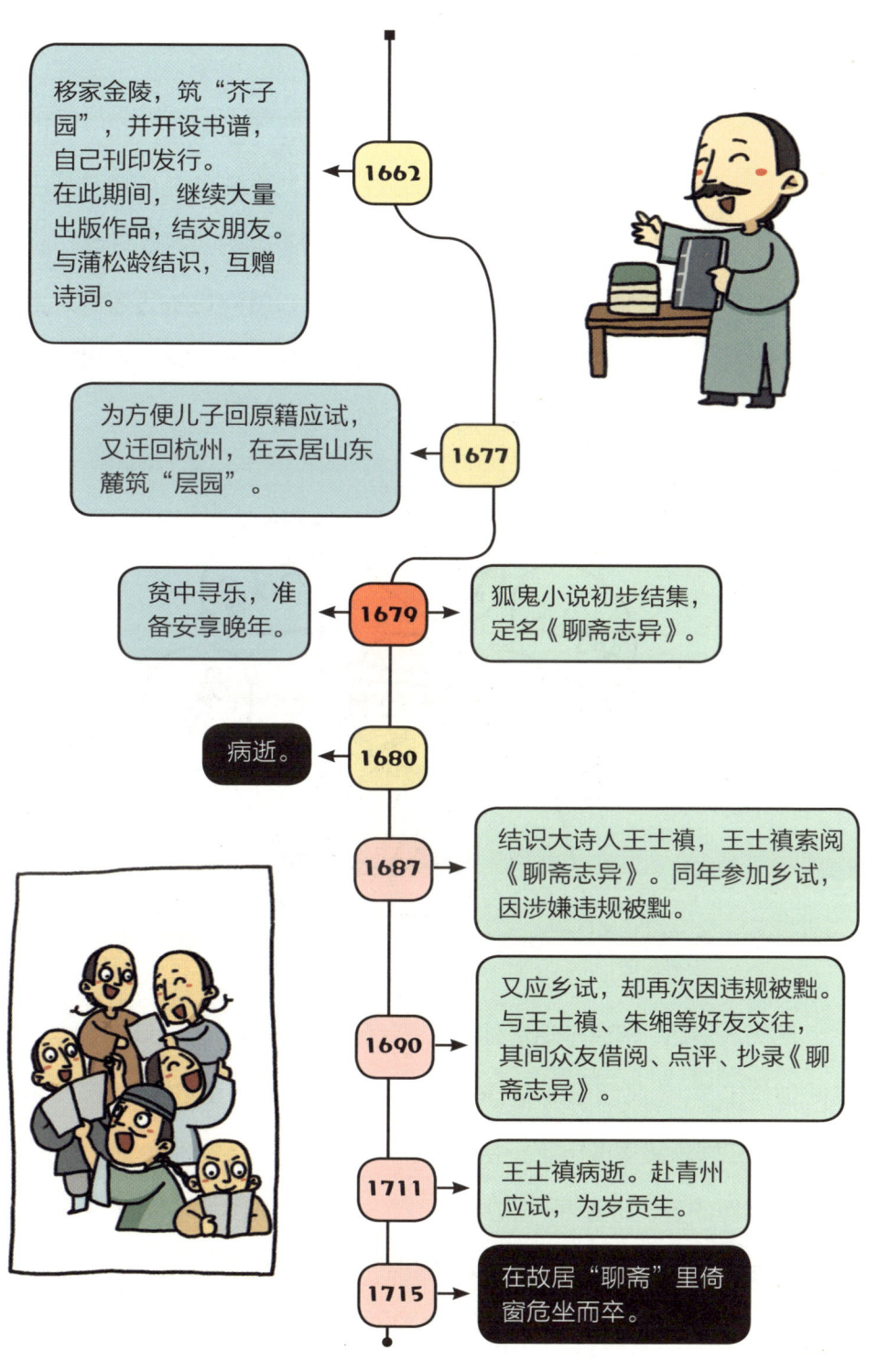

1662 — 移家金陵，筑"芥子园"，并开设书谱，自己刊印发行。在此期间，继续大量出版作品，结交朋友。与蒲松龄结识，互赠诗词。

1677 — 为方便儿子回原籍应试，又迁回杭州，在云居山东麓筑"层园"。

1679 — 贫中寻乐，准备安享晚年。 / 狐鬼小说初步结集，定名《聊斋志异》。

1680 — 病逝。

1687 — 结识大诗人王士禛，王士禛索阅《聊斋志异》。同年参加乡试，因涉嫌违规被黜。

1690 — 又应乡试，却再次因违规被黜。与王士禛、朱缃等好友交往，其间众友借阅、点评、抄录《聊斋志异》。

1711 — 王士禛病逝。赴青州应试，为岁贡生。

1715 — 在故居"聊斋"里倚窗危坐而卒。

★ "东方莎翁"竟是位"跨界达人"

李渔,不是一条鲤鱼,是一位被誉为"东方莎士比亚"的中国古代戏剧大师,还是一位"跨界达人":他办过戏班,写过小说,开过书店,搞过出版,学过美妆,还搞过发明……是一位无所不能的"斜杠青年"。

他写了一本叫《闲情偶寄》的超级畅销书,堪称是生活艺术大全、休闲百科全书:讲戏曲歌舞,谈服饰妆容,说园林建筑,聊花卉器玩,道饮食养生……放在今天,那绝对是个大知识博主。

明灭入清后,李渔不想走仕途了,就到杭州开始了他的戏剧创作生涯。其间创作出了《风筝误》《玉搔头》等经典故事,还办起戏班在全国各地巡演,在娱乐圈里闯出了一番名堂。

更难得的是,他还是一位中国古代罕见的喜剧大师。别人都写悲剧,他却敢写喜剧,甚至还发了条朋友圈说:"*唯我填词不卖愁,一夫不笑是吾忧。*"直接跨界成了"欢乐喜剧人"。

· 元明清卷 ·

★ 我有茶，你有故事吗？

在"中国古代文化圈"的搜索引擎里，你想看喜剧，可以搜"李渔"；可如果想看恐怖小说，那就得输入"蒲松龄"了。

蒲松龄是中国古代经典鬼怪狐仙小说《聊斋志异》的作者，他的这个大 IP 可谓是家喻户晓的"恐怖经典"。不仅热门，还很邪门；不仅接地气，还接地府。家家大人几乎都拿它来吓过小孩。

> 爆笑！古代学霸笔记！

这本《聊斋志异》有多火？一经出版，销售一空。当时上至达官显贵，下至贩夫走卒，争相抄阅，几乎全民阅读。一举荣登国内畅销书排行榜榜首，一版再版，导致洛阳纸贵。蒲松龄也成了全国知名的作家。

蒲松龄这人，从小就喜欢听别人"鬼话连篇"，说他"喜人谈鬼，雅爱搜神"，热衷于各种奇闻异事，甚至还在路边搭了个凉棚卖茶，靠一碗茶换一个故事，终于搜集写成了这本《聊斋志异》。

★ "退堂鼓表演艺术家" VS "考场钉子户"

据八卦杂志消息称，李渔和蒲松龄这两位文化巨匠曾经有过一段互赠诗词的交情。他们俩应该很聊得来，因为有共同的话题和相同的经历啊！就是都没能走上仕途。

李渔自幼有才，饱读诗书，考成"五经童子"，可惜30岁时乡试落榜，然后接着就国破家亡了。于是，不想给清王朝当公务员的他就当起了"退堂鼓表演艺术家"，彻底放弃了科考之路，在父母坟头作诗说：

三迁有教亲向愧，一命无荣子不才。
人泪桃花都是血，纸钱心事共成灰。

蒲松龄就更惨了，堪称"科举倒霉蛋"。他一生不断参加科考，却屡试不中。他还偏偏不信邪：只要考不死，就往死里考！于是考着考着，就成了"考场钉子户"。

结果，他还真就"活到老，考到老"了，一直考到72岁也没能中举，比范进还可怜。最后政府也看不下去了，就象征性地给他颁发了一个"乡试岁贡生"的安慰奖。

爆笑！古代学霸笔记！

★震惊！宁采臣原型竟是"交际花"？

传说在 1671 年，30 岁的蒲松龄请 60 岁的李渔和他的李家班来宝应演出。虽然两人相差 30 岁，却结成忘年交。蒲松龄更是抄录了李渔的一首词《南乡子·寄书》——

幅少情长，一行逗起泪千行，写到情酣笺不句，揶咒，短命薛涛生束就。

坊间甚至传闻，蒲松龄的短篇《小倩》里书生宁采臣的原型就是李渔。

李渔可能是历史上最强的"社交牛人"了。据不完全统计，和他交往过的叫得上名号的角色就有八百多人，上至宰相学士，下至三教九流，什么人都有。除蒲松龄外，他和曹雪芹的祖父曹寅也是忘年之交，简直是文化界的"交际花"。

· 元明清卷 ·

★拿作品说话，谁也不含糊

不管怎么样，一个文化界的大咖若想要青史留名，还是得拿作品说话。而李渔和蒲松龄这二人，作品质量显然都是过硬的。

蒲松龄的《聊斋志异》，笔下写的虽是鬼魅，但却往往都有人性，有的甚至敢爱敢恨、善良坦荡，与人性的自私形成鲜明的对比，具有很强的讽刺性。像《小倩》《画皮》等故事，都已深入人心。

> 爆笑！古代学霸笔记！

　　李渔的作品很多，有各类戏剧，有世情小说，甚至还有教小孩对对联的《笠翁对韵》等等，但若要说最拿得出手的，还是咱们前面提过的那本代表作——《闲情偶寄》。这不但是一本戏剧理论书、杂学大全，更是李渔一生艺术与生活经验的结晶，位列"中国名士八大奇著"之首。

这本书里还会教你美妆哦！快来买啊！

学霸笔记

狼（节选） [清]蒲松龄	注释
少时①，一狼径去，其一犬坐于前②。久之，目似瞑，意暇甚。③屠暴起，以刀劈狼首，又数刀毙之。方欲行，转视积薪后，一狼洞其中，意将隧入以攻其后也。身已半入，止露尻（kāo）尾。④屠自后断其股，亦毙之。乃悟前狼假寐⑤，盖以诱敌。	①少（shǎo）时：一会儿。 ②犬坐于前：像狗一样蹲坐在前面。犬，名词作状语，像狗一样。 ③本句句意：时间长了，狼的眼睛好像闭上了，神情十分悠闲。 ④本句句意：屠户正想离开，转身看柴草堆后面，另一只狼正在挖洞，打算从隧道进入来攻击屠户的后面。身体已经进入了大半，只露出屁股和尾巴。 ⑤假寐（mèi）：假装睡觉。

★ 动作描写万花筒

蒲松龄写"屠户杀狼",真是一出精彩的"动作大戏"。同学们,我们在写作中少不了要用上动作描写。写好动作描写,既能讲故事、描画面,还可以突出人物形象、反映心理、表达思想情感,是非常有用的。

那么,到底怎样才能让动作描写生动起来呢?就让我们一起重回屠户杀狼的现场。

首先,动作描写可以推动故事情节。写一头狼**"径去"**,暗示另有图谋;又写另一头狼**"犬坐于前"**,装得像狗一样,这是在牵制屠户。这里的动作描写都在铺垫故事情节,为后文写狼的阴险狡诈埋下伏笔。

其次,动作描写可以生动描绘细节。比如**"目似瞑,意暇甚"**这一句,把一头影帝级别的狼的演技刻画得非常具体,演得逼真,也让气氛似乎有所缓和。

再次,动作描写还可以刻画人物形象。你看**"暴起""刀劈""毙之"**这几个干脆利落、快准狠的动作,是不是让屠户勇敢镇定的形象跃然纸上了?屠户不为假象迷惑,抓住时机,当机立断敢于斗争,取得了一半的胜利。

最后,动作描写还能体现人物心理和表达思想感情。**"转视积薪后"**说明屠户心中已深刻认识到狼的本性,变得警觉。**"一狼洞其中"**将狼的本性暴露无遗,体现狼的狡诈阴险。**"乃悟"**说明斗争使屠户对狼的奸诈有了深刻认识。

总之,用好动作描写,能让你的文章更加生动精彩,如虎添翼。

学霸小剧场

朋友圈

 **李渔**

各位!由于盗版太过猖獗,我自己开书铺自己出版了!新店开张大酬宾!欢迎前来选购,想入手《无声戏》《十二楼》《闲情偶寄》《笠翁对韵》的朋友,请认准我们"芥子园书铺"的正版图书。

@芥子园书铺

♡ 曹寅、钱谦益、王士禛、潘一成等好友

曹寅:恭喜!开张大吉!写书挺不错的,我以后让我的儿孙也去写!

钱谦益:盗版太可恶了,多影响赚钱啊!

王士禛:祝李笠翁开张大吉!

潘一成:太好了!我要买!请问包邮吗?

· 元明清卷 ·

朋友圈

蒲松龄

上联：有志者，事竟成。破釜沉舟，百二秦关终属楚。
下联：苦心人，天不负。卧薪尝胆，三千越甲可吞吴。
@聊斋

♡ **朱缃、王士禛、李渔等好友**

💬 **朱缃**：留仙加油啊！对了，你的《聊斋》再借我读两天呗？
　王士禛：祝聊斋先生逢考必过！
　韩琦：在我看来，贾谊也比不过先生啊！
　李渔：蒲贤弟，你这对联写得不错，我都想收到我的《笠翁对韵》里去了。

第 7 章

桐城派四祖——
雄霸文坛 300 年的第一大门派

 **戴名世**
昵称：字田有，一字褐夫，号药身，别号忧庵，晚号栲栳，晚年号南山先生
地区：安徽桐城

（1653 年—1713 年）

主要成就：清代文学家，"桐城派"开山鼻祖、先驱者。

朋友圈： >

添加到通讯录

 **方苞**
昵称：字灵皋，亦字凤九，晚年号望溪，亦号南山牧叟
地区：安徽桐城

（1668 年—1749 年）

主要成就：清代文学家，"桐城派"创始人、奠基人。

朋友圈： >

添加到通讯录

爆笑！古代学霸笔记！

刘大櫆

昵称：字才甫，号海峰
地区：安徽桐城

（1698年—1779年）

主要成就：清代中期古文家、诗人，"桐城派"代表作家。

朋友圈： >

添加到通讯录

姚鼐

昵称：字姬传，室名惜抱轩，世称惜抱先生
地区：安徽桐城

（1732年—1815年）

主要成就：清代散文家，"桐城派"散文集大成者。

朋友圈： >

添加到通讯录

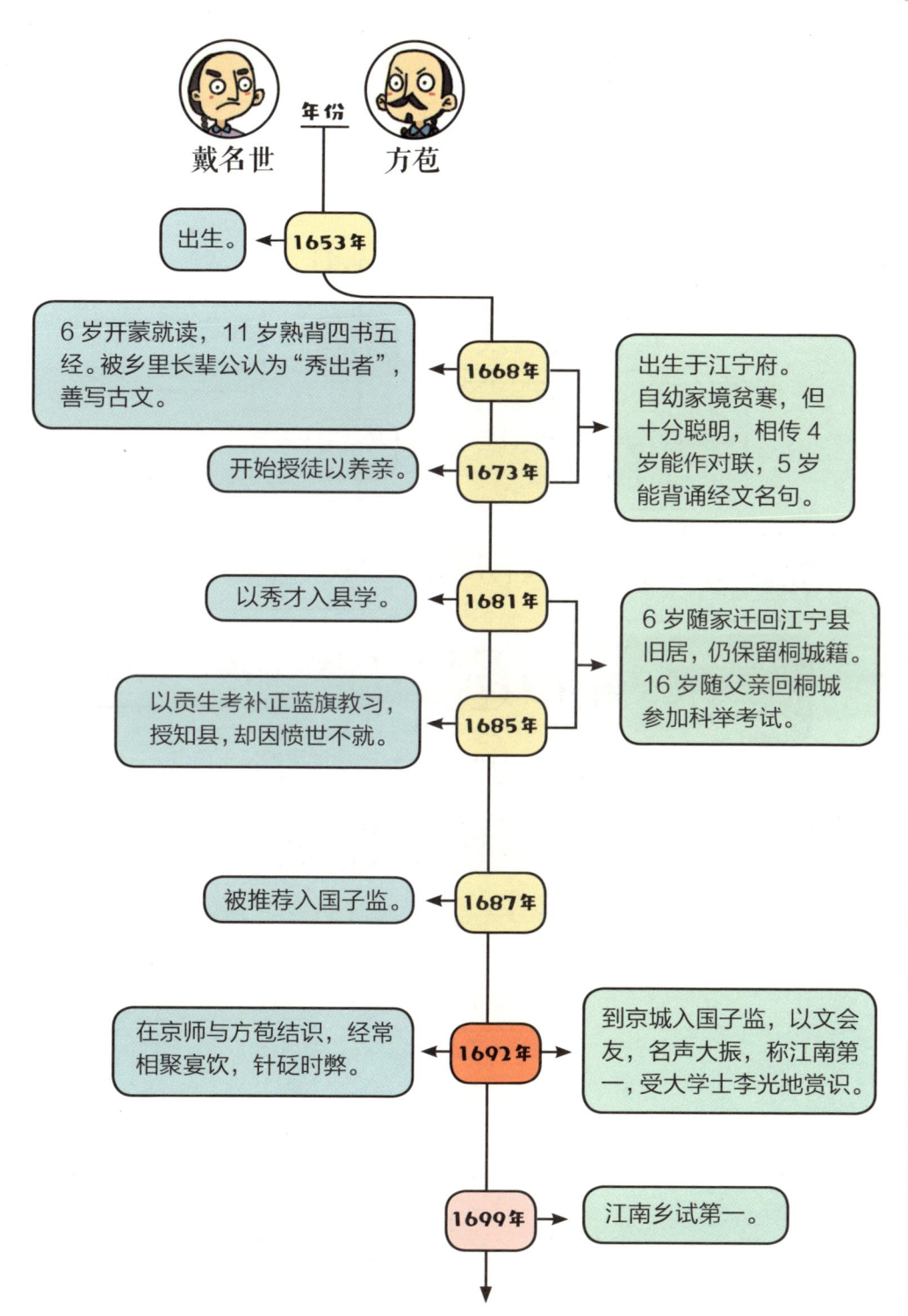

爆笑！古代学霸笔记！

- **1702年**
  - 弟子尤鹗将其古文百余篇整理刊刻发行于世，名为《南山集》。《南山集》问世，风行江南各地。
  - 两次参加会试，都落榜。
- **1705年**：赴顺天乡试，中举人。
- **1706年**
  - 参加会试，未中。
  - 中进士，因母亲生病，回乡。
- **1709年**：会试第一，殿试榜眼，授翰林院编修，在京任职，参与明史编纂。
- **1711年**
  - 御史赵申乔借《南山集》弹劾戴名世，被下狱。
  - 因"《南山集》案"被牵连入狱。
- **1713年**
  - 因"《南山集》案"这一文字狱被处死，时年60岁。
  - 在李光地营救下，免死出狱。
- **1721年**：任武英殿修书总裁。
- **1726年**：回京城，入职南书房。
- **1732年—1741年**：在京期间，先升迁翰林院侍讲学士，又升迁内阁学士，以腿脚不利推辞，后又升礼部侍郎，仍以腿脚不利推辞。期间，屡次被安排修书。
- **1743年**：辞官，告老还乡。闭门谢客，著书。
- **1749年**：病逝，享年82岁。

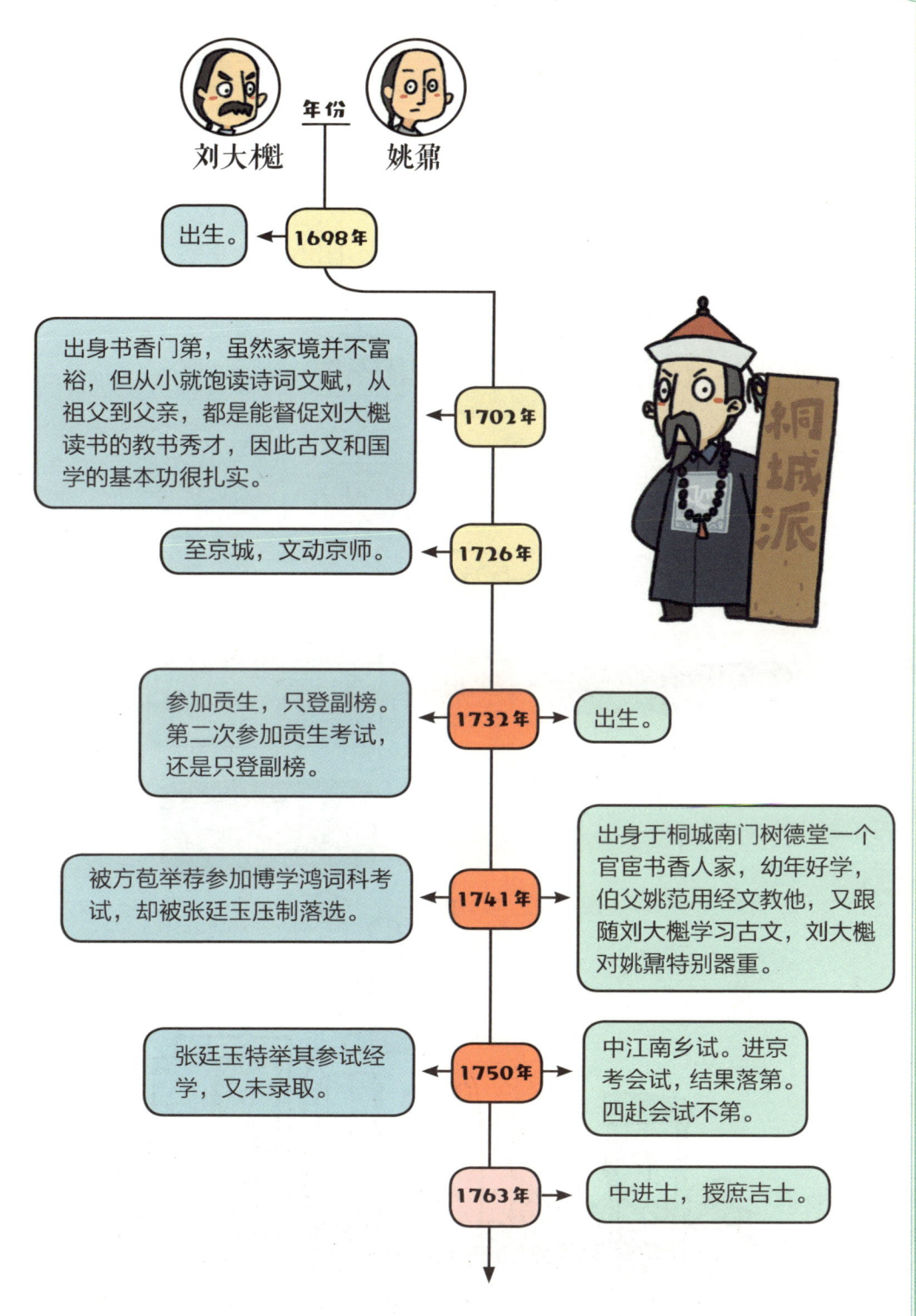

爆笑！古代学霸笔记！

- **1766年** → 分配为兵部主事。
- **1767年** → 曾任山东、湖南乡试副主考，会试同考官。后升任刑部郎中，心生退意。
  - 前往黟县教书。
- **1771年** ← 回家乡桐城枞阳在江畔故居聚徒讲学。
- **1773年** → 入四库全书馆修书。
- **1774年** → 借病辞官。
- **1779年** → 归里后，以授徒为生，培养了一大批学人弟子。
  - 病逝，享年82岁。
- **1815年** → 于钟山书院病逝，享年85岁。

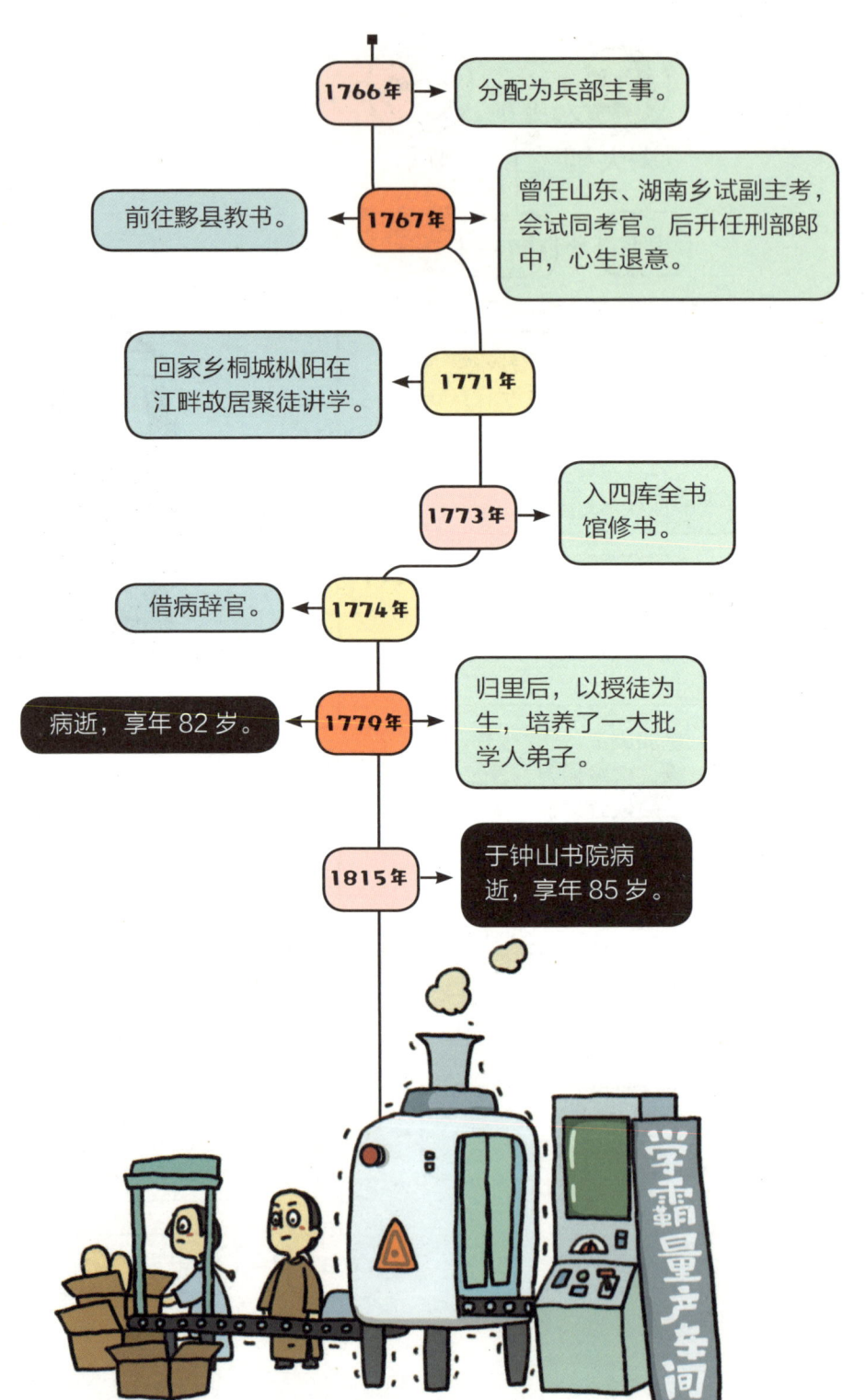

· 元明清卷 ·

★天下文都，一统江湖！

明朝时期，文坛流派如武林门派，分支众多。什么唐宋派、公安派、竟陵派一大堆。

但到了清朝，一个门派横空出世，竟然一统"文林"了！从清朝初年一直到清朝灭亡，雄霸文坛近300年！它就是清朝最大的散文流派——桐城派。

江湖传言：天下武功出少林！少林被奉为武林门派中的泰山北斗。而"桐城派"在清朝文坛的地位就和少林在武林中差不多。第一个正式打出"桐城派"旗号的是曾国藩，连他都感叹：**天下之文章，其出桐城乎？**

桐城因此被称为"天下文都"，成了文人眼里的读书圣地。

爆笑！古代学霸笔记！

★ **这里最不缺的就是"学霸"**

在"桐城派"里，最不缺的就是学霸了。看看下面这份耀眼的名表吧——

曾国藩是"桐城派"的"中兴大将"，加上他的四大弟子也都是此派传人。

戴名世、方苞、刘大櫆、姚鼐，这四位前辈合称桐城派"四祖"。

你以为这就完了？没呢！还有《天演论》的译者严复、著名翻译家林纾……无数学霸，竟然全是"桐城派"门下弟子！

在桐城，遍地都是学霸，一块招牌砸下去，十个里有九个都是抱着书死的。可见这里学霸的密集程度。它还创造了一项吉尼斯世界纪录：在明清两代产生了200多位进士。

★后浪推前浪，一代更比一代强！

戴名世是"桐城派"的开山祖师爷，在他之后，方苞、刘大櫆、姚鼐又称相城派"三祖"，是执掌这"桐城派"的三代掌门人。这三位可谓是后浪推前浪，一代更比一代强！

第一代掌门人方苞，提出**"义法"**二字作为散文的"独门心法"。简单来说，**"义"** 指的是文章的中心思想，实际是要以程朱理学为基本出发点；**"法"** 指的是表达中心思想或基本观点的形式技巧，包括结构条理，运用材料、语言等等。按他的心法修炼，让你的文章功力倍增。

第二代掌门人刘大櫆作为继任者，将方苞"义法"说升级到 2.0 版本的**"神气"**说，他补充了方苞的理论，将写文章分为基础和技术两个层面。让派中弟子的"文章功夫"更上一层楼。

第三代掌门人姚鼐更是"桐城派"的集大成者。他在方、刘两位前辈的基础上，提出**神、理、气、味、格、律、声、色**八大要素，又总结了文章的**阳刚、阴柔、义理、考据、辞章**五大点，实现了"58 桐城"，自此，"桐城派"理论进化成"完全体"！

爆笑！古代学霸笔记！

★独家：桐城派爆红之原因探秘

所以"桐城派"到底为什么能这么火？还火了 300 年？我报前方记者通过深入调查，终于探得原因，竟然是当地流传八字真言——**"富不丢猪，穷不丢书！"**

是的，投胎来桐城就为了三件事：**读书！读书！还是读书！** 千古悬案，一朝告破啊！"桐城派"之所以成功，不但是因为学习氛围浓厚，更因为它做到了兼收并蓄，吐故纳新，因时而变，与时俱进。

★文章最高境界：简约，而不简单

"桐城派"的古文可以说是中国古代散文的巅峰。他们选取事例和运用语言的时候，只要求阐明立意，不注重材料和文字的堆砌，所以文章风貌多简明达意，清真雅正。真正做到了——简约，而不简单！

"桐城派"绵延300多年，名门汇聚，翰墨飘香，薪火相传，生生不息。代表作有方苞的《狱中杂记》《左忠毅公逸事》，姚鼐的《登泰山记》等，在中国古代文学史上占有显赫地位，是中华民族传统文化中的一座不朽的丰碑。

登泰山记（节选） ［清］姚鼐	注释
古时登山，循东谷入，道有天门①。东谷者，古谓之天门溪水，余所不至也。今所经中岭及山巅，崖限当道者②，世皆谓之天门云。道中迷雾冰滑，磴几不可登。③及既上，苍山负雪，明烛天南；④望晚日照城郭，汶水、徂徕⑤如画，而半山居⑥雾若带然。	①天门：泰山峰名。 ②崖限当道者：挡在路上的像门槛一样的山崖。 ③本句句意：一路上大雾弥漫、冰冻溜滑，石阶几乎无法攀登。 ④句意：等到已经登上山顶，青山上覆盖着白雪，雪光照亮了南面的天空。 ⑤徂徕（cú lái）：山名，在泰安东南。 ⑥居：停留。

★ 简约笔法游记

俗话说得好：语到极致是平常。作为"桐城派"集大成者的姚鼐，把"简约之道"发挥到了极致。比如这篇他的代表作**《登泰山记》**，文字洗练，简洁生动，还带有考据之风，有一种独特的简约之美。今天，我们就来学习其中的一个片段，学会用**"简笔画"**来写文章。

首先，**简而明**：布局简练，线索清晰。将自己登山的过程用简明扼要的文字加以叙述，条理分明，思维缜密，文从字顺，连贯自然，富有节奏感和韵律感。

其次，**简而丰**：语言简洁，生动传神。就拿**"苍山负雪，明烛天南"**

> **爆笑！古代学霸笔记！**

八个字来说，看似平实无奇，但用字工巧，"负"字写出积雪之厚，"烛"字又写出雪光之明，简单的用字，却生动地写出了雪的特点，极为传神。

再次，**简而雅**：风格简雅，趣味盎然。"**而半山居雾若带然**"用上了比喻的修辞手法，但用字十分精练，"带"字表示雾的轻柔，却又用"半"和"居"来铺垫，组合在一起，相当雅致，饶有风味。

最后一点，文章还融入了"桐城派"特有的考据之风，具有学者气质。讲"古时登山"如何如何，又讲今日"余所不至"。姚鼐把"义理""考据""辞章"三大要素完美结合，在游记中穿插考据内容，写出了一篇学者式的散文，的确是简约而不简单！

学霸小剧场

"桐城派"吧 + 关注   关注人数：8,888,888

桐城派

文坛不能没有"桐城派"，就像过年不能没有饺子。

赞：360W 踩：108 转发：210W

【楼主置顶】
曾国藩：天下间的文章，都是出自咱们"桐城派"的！

【跟帖】
严复：曾先生说得对！正所谓：物竞天择，适者生存！"桐城派"能从众多流派中脱颖而出，也是经过优胜劣汰。先生也可以看看我的新译《天演论》，购买地址我私信给您了！

林纾：Yes！Tongcheng is No.1！（比了个剪刀手）

戴名世：唉！谁来替老夫的《南山集》案平反一下啊！

方苞：@戴名世 老师，我有幸从这场浩劫中活下来了，这"文字狱"实在是太可怕了！

刘大櫆：我们"桐城派"的理论体系可是越来越完善了。

姚鼐：楼上+1……

第 8 章

康有为和梁启超——
从师生到对手

康有为

昵称：字广厦，号长素
地区：广东南海县

（1858年—1927年）

主要成就： 中国晚清时期重要的政治家、思想家、教育家，戊戌变法领导者，资产阶级改良派的代表人物。

朋友圈： >

添加到通讯录

梁启超

昵称：字卓如，号任公
地区：广东新会

（1873年—1929年）

主要成就： 中国近代思想家、政治家、教育家、史学家、文学家，戊戌变法领袖之一，中国近代维新派、新法家代表人物。

朋友圈： >

添加到通讯录

爆笑！古代学霸笔记！

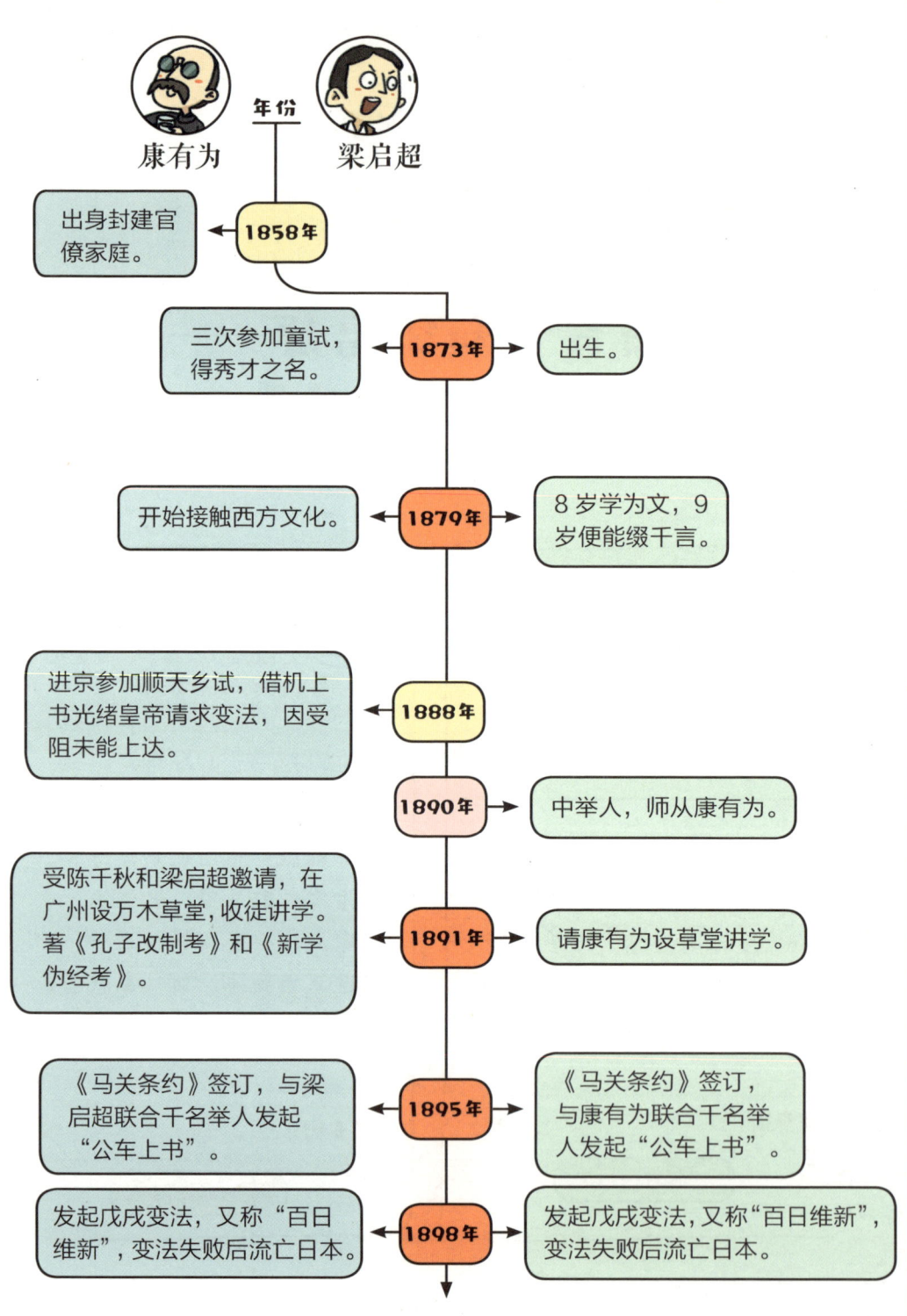

· 元明清卷 ·

1902年：游历东南亚各国，办《新民丛报》，自称"中国之新民"，发表《新民说》。与老师康有为的思想产生矛盾。

流亡海外各国，继续鼓吹立宪，宣扬强教强国。

1911年：辛亥革命爆发。

辛亥革命爆发。

1912年：回国。孙中山在南京，成立中华民国。2月后，孙中山辞职，袁世凯就任第二任临时大总统。梁启超支持袁世凯。

1913年：从海外回国。

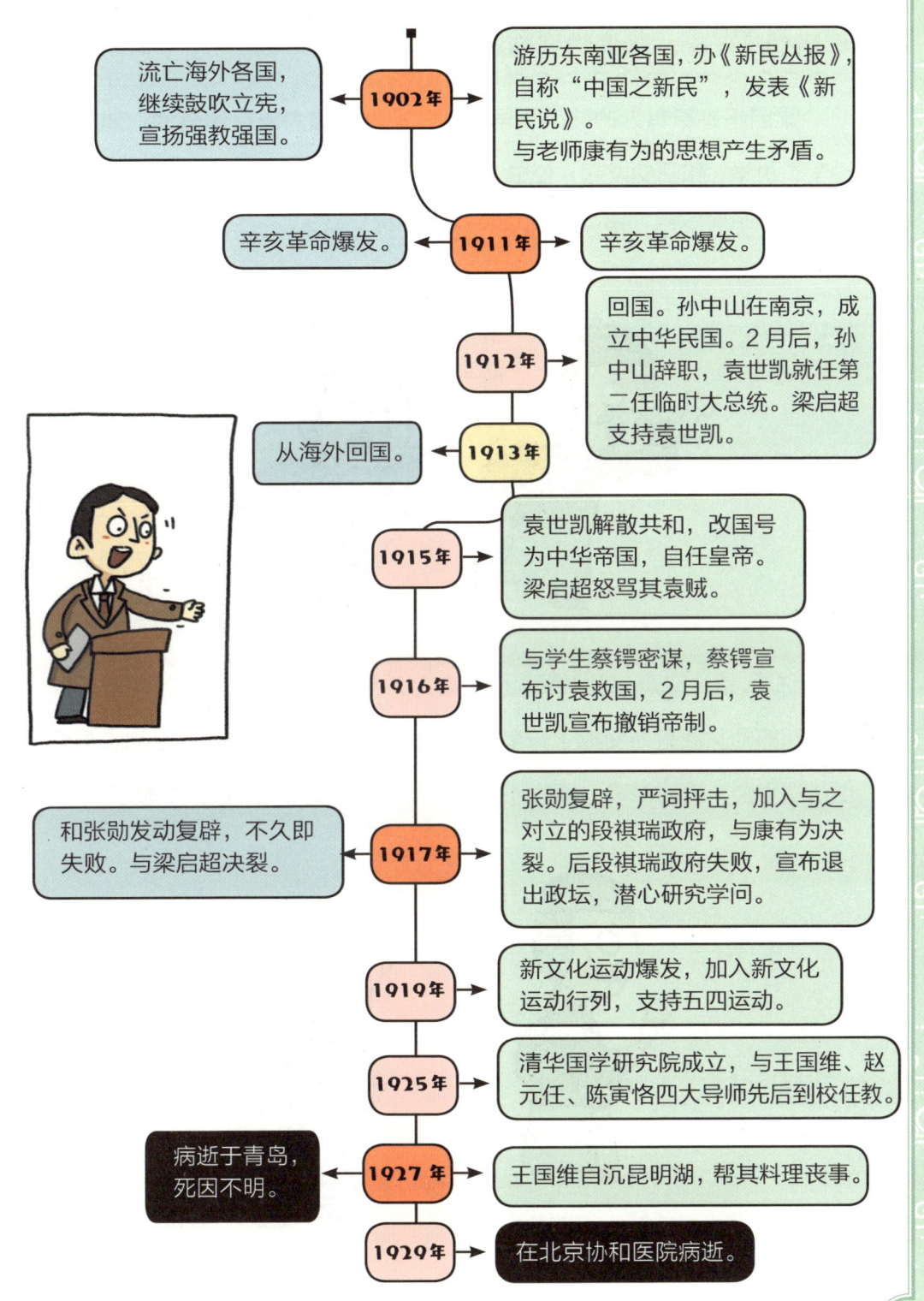

1915年：袁世凯解散共和，改国号为中华帝国，自任皇帝。梁启超怒骂其袁贼。

1916年：与学生蔡锷密谋，蔡锷宣布讨袁救国，2月后，袁世凯宣布撤销帝制。

1917年：张勋复辟，严词抨击，加入与之对立的段祺瑞政府，与康有为决裂。后段祺瑞政府失败，宣布退出政坛，潜心研究学问。

和张勋发动复辟，不久即失败。与梁启超决裂。

1919年：新文化运动爆发，加入新文化运动行列，支持五四运动。

1925年：清华国学研究院成立，与王国维、赵元任、陈寅恪四大导师先后到校任教。

1927年：王国维自沉昆明湖，帮其料理丧事。

病逝于青岛，死因不明。

1929年：在北京协和医院病逝。

· 103 ·

★ 猜到了开头，却没猜到结尾

梁启超是康有为的徒弟。早年间，他一直鼎力支持康有为：请师父开设学堂讲学，和师父发起"公车上书"，与师父主导"百日维新"……在"戊戌变法"失败之后，更是和师父一起流亡到了日本。

然而，这个故事，我们猜到了开头，却没猜到结尾。谁知从流亡海外开始，梁启超的师父康有为变成了一个"保皇派"，甚至自称持有皇帝的衣带诏，组织保皇会，反对革命。再也不是梁启超眼里那个追求改革的师父了。

★都是"海归",差距咋那么大呢?

同样身在海外,梁启超则完全不同。他在日本办报,写出了令国人振奋的《少年中国说》!思想开始逐步发生转变。他致力于社会改造,为民族强盛竭力呐喊,为国家繁荣四处奔走,值得我们点个大大的赞!

更厉害的是,梁启超在宣布退出了政治舞台后,仍在学术研究上取得了巨大成就。他用新文体写作,倡导新文化运动,支持五四运动。被公认为是清末优秀的学者,中国历史上一位百科全书式人物。

爆笑！古代学霸笔记！

★ 我看你还是把我删了吧

在"戊戌变法"中，这对师徒一直并肩作战、同甘共苦。但从流亡海外开始，命运的齿轮就开始让两人走向了不同的轨道。可谓是：一念天堂，一念地狱。

决裂，在日本便埋下了种子。梁启超逃亡到日本后，阅读了大量欧美书籍，观察到快速发展的日本现状，幡然醒悟，认为师父康有为教的新学不靠谱。梁启超在革命党的影响下，思想迅速转向了革命，于是写了一封信给康有为，劝老师要么一起搞革命推翻大清，要么"息影林泉，自愈晚景"。

康有为得知消息后暴跳如雷，怒斥梁启超一顿后，责令他离开日本去美国。梁启超虽然选择了低头认错，但是他和康有为之间自此就有了一道鸿沟。

这道鸿沟在梁启超回国后越来越大。重新踏上故土的梁启超，此时已经是经过新思想洗礼的"中国之新民"了，虽然他的政治理念一直在变化，但他始终在不断探索革命的新方式。然而康有为却还是那个一心保皇的老顽固，他反对革命，妄想尊孔复辟。在袁世凯死后，更致力于谋划张勋复辟和溥仪复位，成为导演这一切闹剧的幕后黑手。

康有为的做法最终招来梁启超的不满，师徒之间爆发了激烈舌战，并从此彻底决裂，拉黑、互删、取关，老死不相往来。

· 元明清卷 ·

爆笑！古代学霸笔记！

★ 处处碰壁的奢靡人生

康有为在自传中说，他6岁智慧初显，8岁过目不忘，12岁制霸"州中诸生"，14岁遍读经典，17岁博古通今。但是，康有为从16岁考到36岁，整整考了7次才终于中举。28岁这年，康有为受到欧几里得的《几何原本》的启发，准备写一套能涵盖宇宙所有真理的书籍《万身公法》，但是却没有完成。

康有为从小在广东沿海长大，对做生意更是耳濡目染。借保皇维新的名义做起了投资生意，炒地皮、办银行、开酒楼……但是由于美国经济危机和康有为的为人，他的生意几乎全部失败，但这不妨碍康有为后半生游历各国，享受生活。

★ 好男人：用情专一会带娃

对待爱情，梁启超非常正直与忠诚。徐志摩与陆小曼结婚，邀请梁启超出席做证婚人。在婚礼上，梁启超却对夫妻二人的用情不专厉声训斥，滔滔不绝。

梁启超还有个很牛的成就，就是对子女的教育，中国近代300年内，没有比他更成功的了。他的九个孩子，一门三院士，九子皆才俊，在不同领域各有所建树，全都成了国家的栋梁之材，真正做到了满门英才。

爆笑！古代学霸笔记！

少年中国说（节选） 梁启超	译文
红日初升，其道大光。 河出伏流，一泻汪洋。 潜龙腾渊，鳞爪飞扬。 乳虎啸谷，百兽震惶。 鹰隼试翼，风尘翕张。 奇花初胎，矞矞皇皇。 干将发硎，有作其芒。 天戴其苍，地履其黄。 纵有千古，横有八荒。 前途似海，来日方长。	红日刚刚升起，道路充满霞光； 黄河从地下冒出来，汹涌奔泻浩浩荡荡； 潜龙从深渊中腾跃而起，它的鳞爪舞动飞扬； 小老虎在山谷吼叫，所有的野兽都害怕惊慌； 雄鹰隼鸟振翅欲飞，风和尘土高卷飞扬； 奇花刚开始孕育蓓蕾，灿烂明丽茂盛茁壮； 干将剑新磨，闪射出光芒。头顶着苍天，脚踏着大地。从纵的时间看有悠久的历史，从横的空间看有辽阔的疆域。前途像海一般宽广，未来的日子无限远长。

★ 写作腾飞三妙招

梁启超的这篇《少年中国说》影响很大，被公认为梁启超著作中思想意义最积极、情感色彩最激越的篇章，而梁启超本人也把它视为自己"**开文章之新体，激民气之暗潮**"的代表作。同学们，我们今天看到的这则节选段落，是它最激情洋溢、最富有文学色彩的一段。从这个片段里，我们可以学到写文章的"三大法宝"——

第一，技巧和手法。 这段文字里通过无数充满生机和力量的事物形象来比喻中国少年，语意十分凝练，比喻生动传神。我们在写文章时，也要学会用上合适的写作技巧和各类修辞手法来为文章增色，让文章更加精彩。

第二，韵律和节奏。 这段采用文言句式，四字一句，节奏明快，读起来铿锵有力，掷地有声。而且合辙押韵，符合格律，也让人觉得朗朗上口。文章之美，不但有形美，更有声美。所以，我们在写文章的时候也可以注意让文章富有节奏和韵律，更加有声有色。

第三，情感和思想。 文章贵在有情有思想，我们从这篇文章的字里行间，感受到梁启超内心里爆发出一种不可遏止的激情，热情呼唤一个充满生机的"少年中国"尽快到来。他的这种昂扬的改革精神和深切的爱国情怀令人钦佩。"情动而辞发"，中国少年们，就让我们用上自己内心的真情实感，写好每一篇文章吧！

爆笑！古代学霸笔记！

学霸小剧场

朋友圈

 **康有为**

保皇强教！尊孔复辟！不转不是中国人！

北京

♡ 张勋、溥仪

💬 **张勋**：吾皇万岁万岁万万岁！

溥仪：其实我……不想当什么皇帝。

章太炎：呸！康有为你这老匹夫，这真是"国之将亡必有，老而不死是为！"

（章太炎将康有为拉黑）

梁启超：从今日起，你我师徒之谊就此断绝！

（梁启超将康有为拉黑）

·元明清卷·

朋友圈

 **梁启超**

上联：天作棋盘星作子，谁人敢下？
下联：地为琵琶路为弦，哪个能弹？

武昌总督府

♡ 张之洞、徐志摩、王国维、赵元任、陈寅恪、梁思成、林徽因等众多好友……

💬 **张之洞**：好！小梁对得好！
徐志摩：先生，我就是来你评论区踩一踩，轻轻地我走了，正如我轻轻地来。
王国维：梁公真不愧是文化巨匠！
梁思成：父亲好文采！
林徽因：公公令人敬仰！@梁思成 思成，共和国国徽设计好了吗？
梁思成：来了来了。

图书在版编目（CIP）数据

爆笑！古代学霸笔记！．元明清卷 / 何捷主编．——北京：中国致公出版社，2023.11
ISBN 978-7-5145-2002-6

Ⅰ．①爆… Ⅱ．①何… Ⅲ．①中国文学－古代文学史－元代-清代－通俗读物 Ⅳ．①I209.2-49

中国版本图书馆CIP数据核字（2022）第257669号

爆笑！古代学霸笔记！．元明清卷 / 何捷主编
BAOXIAO!GUDAI XUEBA BIJI!.YUAN MING QING JUAN

出　　版	中国致公出版社
	（北京市朝阳区八里庄西里100号住邦2000大厦1号楼西区21层）
出　　品	湖北知音动漫有限公司
	（武汉市东湖路179号）
发　　行	中国致公出版社（010-66121708）
作品企划	知音动漫图书·文艺坊
责任编辑	胡梦怡　雷　琛
责任校对	吕冬钰
装帧设计	王　钰　郑雨薇
责任印制	程　磊
印　　刷	武汉精一佳印刷有限公司
版　　次	2023年11月第1版
印　　次	2023年11月第1次印刷
开　　本	710mm×1000mm　1/16
印　　张	7.5
字　　数	80千字
书　　号	ISBN 978-7-5145-2002-6
定　　价	36.00元

版权所有，盗版必究（举报电话：027-68890818）
（如发现印装质量问题，请寄本公司调换，电话：027-68890818）